AF565880

JAN BECKER

150 VERRÜCKTE FAKTEN FÜR KINDER

SPANNENDES ALLGEMEINWISSEN FÜR CLEVERE KIDS: DAS PERFEKTE VORLESESBUCH, SELBSTLESEBUCH UND GESCHENK FÜR KINDER

INHALT

Vorwort – Für Eltern

Liebe Eltern,

haben Sie auch einen kleinen Entdecker zu Hause, der von spannenden Fakten gar nicht genug bekommen kann? Das ist klasse! Umso wichtiger, dass Sie den Wissensdurst Ihres kleinen Einsteins stillen und ihm immer weiter spannende Fakten und neues Wissen – natürlich kindgerecht aufbereitet – zur Verfügung stellen.

Dieses Buch ist ideal dafür! Sie finden in diesem Buch 150 spannende Fakten, die sorgsam und kindgerecht ausgewählt worden sind. Das Wissen entstammt verschiedenen Rubriken und Kategorien und kann Ihrem Kind sowohl in der Schule als auch im Leben weiterhelfen. Einige der Fakten sind aber auch einfach spannend und witzig, echtes Angeberwissen also. Mit Sicherheit sind in diesem Buch aber auch einige Fakten enthalten, die Sie selbst noch gar nicht wussten. Schmökern Sie also selbst einmal, es lohnt sich!

Sie können dieses Buch Ihren Kindern bedenkenlos zum selbst Lesen überlassen – alle Fakten sind für Kinder geeignet und liebevoll ausgewählt worden. Natürlich macht es trotzdem noch viel mehr Spaß, wenn Sie gemeinsam mit Ihrem Kind die Wunder der Erde entdecken und über die Fakten in diesem Buch gemeinsam staunen können.

Ich wünsche Ihnen viel Spaß dabei!

Einleitung – Für Kinder

Hallo du,

ich freue mich, dass du dieses Buch liest! In diesem Buch erwartet dich eine Menge spannender Fakten – und zwar ganze 150 Stück. Ich möchte dich auf eine spannende Reise durch unsere Welt mitnehmen, dich zum Staunen bringen und verblüffen. Du wirst garantiert viele neue Dinge erfahren, die dich in der Schule weiterbringen, mit denen du deine Freunde beeindrucken kannst und die einfach Spaß machen.

Keine Sorge: Das Buch ist nicht langweilig oder uninteressant. Ich verspreche dir, dass du jede Menge Spaß haben wirst und aus dem Staunen gar nicht mehr herauskommen wirst.

Am Ende erwartet dich sogar ein kurzes Quiz, in dem du dein Wissen auf den Prüfstand stellen und herausfinden kannst, ob du ein richtiger Profi bist.

In diesem Buch geht es nicht nur um Tiere, nicht nur um unseren Körper und nicht nur um unseren blauen Planeten – du wirst von allem etwas erfahren.

Vielleicht entdeckst du so auch ein neues Hobby, findest deinen neuen Traumberuf oder findest ein Thema, das dich total interessiert. Ich bin gespannt, welches Thema dich am meisten interessieren wird.

Wer viele Dinge weiß, der hat es in der Schule leichter, kann damit Menschen beeindrucken und versteht viel mehr Sachen und Zusammenhänge – deswegen macht dieses Buch nicht nur Spaß, sondern bringt dir auch viele neue Möglichkeiten.

Ich freue mich schon riesig mit dir gemeinsam, 150 verrückte Fakten rund um unsere Welt entdecken zu können. Kommst du mit auf diese spannende Reise?

Wundersame Welt

Unser Planet ist voller Wunder. Zeit, dass wir diese Wunder gemeinsam entdecken! Hier erwarten dich die spannendsten Fakten rund um Raumfahrt, Astrologie, Astronomie, Erdkunde und Meteorologie. Keine Sorge, wenn dir einige dieser Begriffe noch nichts sagen: Ich erkläre dir natürlich alles!

Rund um die Raumfahrt – Spannende Fakten für kleine Astronauten

Die Raumfahrt ist faszinierend und sehr spannend – welches Kind hat noch nicht davon geträumt, einmal selbst in einem Raumanzug mit einer Rakete oder einem Raumschiff das Weltall zu erkunden? Deswegen erwarten dich hier wundersamste Fakten für kleine Astronauten.

FAKT 1: WER WAREN DIE ERSTEN TIERE IM ALL?

Viele Menschen denken, dass der Hund Laika, der 1957 ins All geflogen ist, das erste Tier im Weltraum war. Das stimmt so aber nicht! Tatsächlich waren die ersten lebenden Tiere im All Fruchtfliegen. Sie wurden schon zehn Jahre früher, also 1947, ins All geschickt und haben das Experiment überlebt.

Das erste Säugetier im All war ebenfalls nicht der Hund Laika, sondern der Affe Albert II. (ausgesprochen: Albert der Zweite), der 1949 ins All geschossen wurde. Leider hat er den Flug nicht überlebt, weil sein Fallschirm während der Rückkehr nicht aufgegangen ist.

Laika war dann das erste Tier in der Erdumlaufbahn. Sie ist mit dem Satelliten Sputnik 2 ins Weltall geschickt worden. Laika ist leider gestorben, weil ihr zu heiß wurde. Die ersten Säugetiere, die den Flug ins Weltall überlebt haben, sind die Hündinnen Strelka und Belka sowie einige Mäuse, die 1960 ins All geschickt worden sind.

FAKT 2: WER WAR DER ERSTE MENSCH IM WELTRAUM?

Nachdem die tapferen Tiere die ersten Lebewesen von der Erde im All gewesen waren, wurde es Zeit für den ersten Menschen im All. Der erste Mensch im All war im Jahr 1961 der russische Astronaut Juri Gagarin. Um die Hunde, die vor ihm im Weltall waren, zu ehren, hat er Folgendes gesagt: „Ich weiß immer noch nicht, wer ich bin: der erste Mensch oder der letzte Hund im All?"

FAKT 3: WAS IST DIE ISS?

Die ISS ist die internationale Raumstation (die englische Abkürzung steht für International Space Station). Sie ist eine Raumstation, die seit 1998 im All ist und von vielen verschiedenen Ländern betreut und immer weiter vergrößert und verbessert wird. Sie umkreist die Erde in einer Höhe von ca. 400 Kilometern. Sie rast fast um unseren Planeten: Sie ist mit 28.000 Kilometern pro Stunde unterwegs und braucht nur anderthalb Stunden, um die Erde einmal zu umkreisen. Das bedeutet also, dass die ISS die Erde pro Tag 16-mal umrundet.

FAKT 4: WAS IST WELTRAUM-SCHROTT?

Weltraumschrott, das klingt lustig, ist aber eine große Gefahr für die Raumfahrt. Weltraumschrott sind Teile, die unsere Erde im Weltraum umrunden. Sie sind mehr als zehn Zentimeter groß und bestehen meistens aus Teilen von Satelliten, Raumschiffen und deren Müll. Zurzeit fliegen ungefähr 34.000 Teile Weltraumschrott um unseren Planeten. Wenn ein Satellit, eine Raumstation oder eine Rakete mit diesem Schrott zusammenstoßen, kann das sehr gefährlich werden. Die ESA, die Europäische Weltraumorganisation, entwickelt jedoch gerade ein Projekt, in dem der Schrott von einem Satelliten mit Greifarmen eingefangen werden soll.

FAKT 5: AUTOGRAMME FÜR DEN NOTFALL

Die Raumfahrer der ersten Mondmission – Apollo 11 – haben keine Lebensversicherung bekommen, weil keine

Versicherung das Risiko tragen wollte. Damit ihre Familien im Notfall aber dennoch finanzielle Unterstützung bekommen hätten, haben sie Autogrammkarten angefertigt, die im Notfall verkauft worden wären.

FAKT 6: UNERLAUBTER MÜLL AUS DEM WELTALL

Im Jahre 1979 sind Teile einer alten Raumstation der USA über Australien abgestürzt. Die Stadt, über der die Teile abgestürzt sind, hat den USA einen Bußgeldbescheid von über 400 Dollar geschickt, damit die USA die „unerlaubte Abfallentsorgung“ bezahlt. Völlig verrückt!

FAKT 7: DIE ERSTE FRAU IM ALL

Die erste Frau im Weltraum war im Jahre 1963 Valentina Tereshkova. Sie ist sogar bis heute die einzige Frau, die ganz allein eine Weltraummission absolviert hat. Insgesamt war sie drei Tage lang allein im Weltall und hat die Erde während dieser Zeit 48-mal umkreist. Eine beeindruckende Leistung! Die erste Frau mit afrikanischen Wurzeln im Weltall war übrigens Mae C. Jemison, die 1992 ins Weltall geflogen ist.

Die Welt der Astronomie – Wunder des Weltalls

Das Weltall ist unvorstellbar groß – und unvorstellbar viele spannende Fakten gibt es rund um Sonne, Mond und Sterne. Lass dich mitnehmen auf eine Reise durch das All. Fangen wir direkt an: mit spektakulären Fakten rund um den Weltraum!

FAKT 8: WO FÄNGT DAS WELT-ALL AN?

Wo genau der Weltraum beginnt, kann nicht eindeutig geklärt werden. Viele Wissenschaftler sagen, dass die Grenze zwischen der Erdatmosphäre und dem Weltall in einer Höhe von 100 Kilometern über dem Meeresspiegel liegt. Diese Grenze wird auch als Kármán-Linie bezeichnet. Sie wurde nach dem Luftfahrtingenieur Theodore von Kármán benannt, der von 1881 bis 1963 gelebt hat.

FAKT 9: DIE SONNE IST RIESIG

Die Sonne ist so groß, dass sie mehr als 99 % der Masse in unserem Sonnensystem einnimmt. Das restliche Prozent der Masse verteilt sich auf die acht Planeten und deren Monde sowie auf den Zwergplaneten Pluto, auf Kometen, Asteroiden sowie auf Staub- und Gasteilchen. Zum Vergleich: Wenn die Sonne so groß wäre wie deine Haustür, dann wäre die Erde so groß – oder so klein – wie ein 5-Cent-Stück.

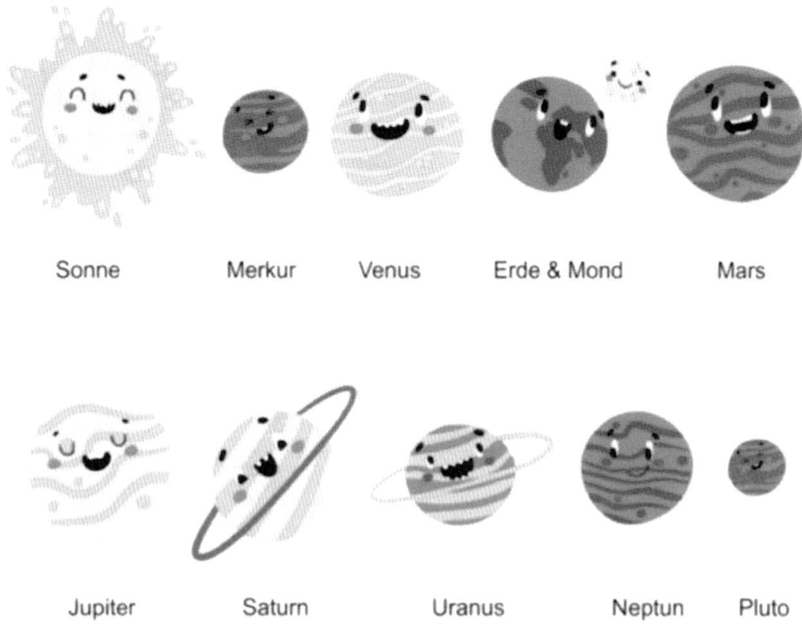

FAKT 10: STILLE IM WELTRAUM

Hast du dich schon einmal gefragt, wie es sich im Weltall anhört, welche Geräusche man dort hören kann? Die Antwort ist tatsächlich nicht besonders spannend: Dadurch, dass keine Luft im All vorhanden ist, können auch keine Schallwellen übertragen werden. Du könntest im Weltraum also überhaupt nichts hören, nur Stille. Es gibt zwar ein paar wenige Vibrationen und Schallwellen, diese sind jedoch für das menschliche Ohr nicht wahrnehmbar.

FAKT 11: DAS UNIVERSUM IST VOLL VON STERNEN

Hast du dich schon einmal gefragt, wie viele Sterne es im Universum gibt? Mit Sicherheit kennst du das Schlaflied „Weißt du, wie viel Sternlein stehen". Ich habe hier die Antwort für dich! Es gibt tatsächlich im gesamten Weltall mehr Sterne als es Sandkörner auf der Erde gibt. Unvorstellbar, aber wahr! Wissenschaftler schätzen, dass es ungefähr 1.000.000.000.000.000.000.000.000 Sterne im Universum gibt. Diese Zahl heißt „Quadrillion" und ist für uns Menschen kaum vorstellbar. Sandkörner gibt es übrigens sieben Trillionen und fünfhundert Billiarden auf unserer Erde –

ebenfalls eine unvorstellbar hohe Zahl – aber trotzdem lächerlich wenig im Vergleich zu den Sternen im Weltall.

FAKT 12: KEIN RÜLPSEN IM WELTALL

Tatsächlich können wir im Weltall nicht rülpsen. Rülpsen funktioniert nämlich nur, wenn man Luft verschluckt. Dies passiert zum Beispiel, wenn man zu schnell isst. Wenn das Essen im Speisetrakt nach unten sinkt, bleibt die Luft im Magen oben und wird zum Rülpser. In der Schwerelosigkeit können sich die Nahrung und die Luft jedoch nicht voneinander trennen und der Rülpser bleibt aus.

FAKT 13: SIND SONNE UND MOND GLEICH GROß?

Dir ist bestimmt schon einmal aufgefallen, dass von der Erde aus die Sonne und der Mond gleich groß aussehen. Das wirkt aber nur so! In Wirklichkeit ist der Mond rund vierhundertmal kleiner als die Sonne. Dafür ist die Sonne aber auch rund vierhundertmal so weit von der Erde entfernt wie der Mond. Bei einer Sonnenfinsternis sieht es deshalb so aus, als könnte der Mond die Sonne vollständig verdecken.

FAKT 14: SO KLEIN IST DER MOND IN WIRKLICHKEIT

Der Mond ist tatsächlich sogar kleiner als der Kontinent Asien! Während Asien ungefähr 44.580.000 Quadratkilometer groß ist, ist die Mondoberfläche nur 37.932.330 Quadratkilometer groß. Und weil der Mond so viel kleiner ist als die Erde, ist die Schwerkraft auch viel geringer. Je größer ein Planet oder Mond ist, desto größer ist seine Anziehungskraft. Auf dem Mond könntest du deshalb viel weiter und höher hüpfen und springen als auf der Erde.

FAKT 15: DIE ERDE IST EINZIGARTIG

Dass unser Planet einzigartig ist, ist dir bestimmt klar. Aber ich habe hier noch einen besonderen Fakt für dich, der dich mit Sicherheit erstaunen wird: Die Erde ist der einzige Planet, der bisher bekannt ist, auf dem ein Feuer brennen kann. Alle anderen Planeten, die wir bislang entdeckt haben, haben zu wenig Sauerstoff. Und wenn zu wenig Sauerstoff da ist, kann kein Feuer brennen. Du kennst das Prinzip sicherlich mit Löschdecken: Wenn du einem Feuer die Luft, also den Sauerstoff entziehst, kann es nicht weiterbrennen.

FAKT 16: SONNENSYSTEM VOLLER GÖTTER

Hättest du gewusst, dass die Erde der einzige Planet in unserem Sonnensystem ist, der nicht nach einem Gott benannt worden ist? Und zwar ist Merkur der römische Gott des Handels, des Gewerbes, des Reichtums und des Gewinns, Venus ist die römische Göttin der Liebe und der Schönheit, Mars ist der römische Gott des Krieges, Jupiter ist der höchste römische Gott, was sehr passend ist, weil der Jupiter auch der größte Planet in unserem Sonnensystem ist, Saturn ist der römische Gott der Bauern, Uranus ist der römische Gott des Himmels und Neptun der römische Gott des Meeres. Sieh diesen Fakt auch ein wenig als Ausflug in die Geschichte der Antike.

Zeit für Erdkunde – Fremde Länder, fremde Sitten

Unsere Erde ist ein wundervoller Planet mit vielen spannenden Schätzen, Ländern und Besonderheiten. Ich habe hier für dich die spannendsten und erstaunlichsten Fakten rund um unseren blauen Planeten zusammengetragen. Lass dich mitnehmen auf eine Reise rund um die Welt – voller Aha-Momente und unerwarteter Dinge.

FAKT 17: DAS GRÖSSTE LEBEWESEN DER ERDE IST EIN GIGANTISCHER PILZ

Wenn du an große Lebewesen denkst, dann denkst du wahrscheinlich an große Wale, Elefanten oder vielleicht Bäume. Eventuell würdest du auch denken, dass Korallenriffe besonders große Lebewesen sind. Tatsächlich sind diese Vermutungen aber alle falsch: Der größte Organismus, den wir bisher kennen, ist ein riesiger Pilz. Dieser Honigpilz, auch als Armillaria bezeichnet, wächst in den USA.

Er ist mindestens unfassbare 809 Hektar groß, umgerechnet sind das über 1100 Fußballfelder.

Dieser riesige Pilz wächst zwar aus dem Boden heraus, ist aber unter der Erde durch ein gewaltiges Gewebe miteinander verknüpft. Dieses Gewebe heißt Myzelien.

FAKT 18: DER MYSTERIÖSE WASSERFALL UNTER WASSER

An der Südwestküste der wunderschönen Insel Mauritius gibt es einen Untersee-Wasserfall. Zumindest sieht es so aus: Dort im Meer wirbeln Meeresströmungen den Sand hin und her und erzeugen so ein Muster, das von oben aussieht, als würde es unter Wasser einen Wasserfall geben. Absolut beeindruckend und spektakulär. Auf Satellitenfotos kannst du dieses Phänomen sogar aus dem Weltall betrachten.

FAKT 19: DIE GRÖSSTEN KRISTALLE DER WELT

In Mexiko gibt es eine Höhle, die sich ca. 300 Meter unter der Erdoberfläche befindet. Diese Höhle wird auch als „Höhle der Kristalle“ bezeichnet. In der Höhle gibt es die größten bekannten natürlichen Kristalle der Welt. Sie sind aus Selenit und teilweise mehr als neun Meter lang. Entdeckt wurde die Höhle aber erst im Jahr 2000. Ein wahres Wunder der Natur!

FAKT 20: DER KOCHENDE FLUSS

Tief im peruanischen Amazonasgebiet in Südamerika gibt es einen Fluss, der kocht. Das Wasser dort ist so heiß, dass es nur ein paar Grad unter dem Siedepunkt ist. Wenn ein Tier dort hineinfällt, dann wird es bei lebendigem Leib gekocht. Rund um den Fluss brodelt alles und die Luft ist voller Dampf. Der Grund für dieses unglaubliche Phänomen befindet sich unter der Erde. Das heiße Wasser kommt nämlich von dort. Mit Vulkanen hingegen hat der Fluss, anders als bislang angenommen, tatsächlich nichts zu tun.

FAKT 21: KOCHENDES WASSER IST NICHT IMMER GLEICH HEIß

Wasser kocht bei 100 Grad Celsius? Nein, nicht immer. Manchmal kocht Wasser auch schon früher. Das liegt daran, dass bei niedrigerem Luftdruck schon niedrigere Temperaturen ausreichen, um Wasser zum Kochen zu bringen. Auf dem höchsten Berg der Erde, dem Mount Everest, reichen zum Beispiel schon 70 Grad Celsius, damit das Wasser kocht.

FAKT 22: RUSSLAND UND DIE USA SIND NACHBARN

Was hättest du geschätzt, wie weit Russland und die USA voneinander entfernt sind? 5.000 Kilometer? 6.000 Kilometer? Tatsächlich sind Russland und die USA an einer Stelle nur 4 Kilometer voneinander entfernt. Diese 4 Kilometer liegen zwischen der Großen Diomedes-Insel, die zu Russland gehört, und der Kleinen Diomedes-Insel, die zu den USA gehört. Beide Inseln liegen in der Beringstraße, das ist eine Meerenge, und die Inseln sind sogar bewohnt. Verblüffend, oder?

FAKT 23: HAST DU SCHON EINMAL VOM „MONTE MÜLLO" GEHÖRT?

Der Monte Müllo – „Müllberg" – ist ein Berg in Hannover und die höchste Erhebung in der Hauptstadt von Niedersachsen. Aber der Monte Müllo ist gar kein richtiger Berg – er ist nur die Müllkippe der örtlichen Abfallbetriebe.

FAKT 24: WIE HOCH IST DER HÖCHSTE BERG DER ERDE?

Du hast bestimmt schon einmal vom Mount Everest gehört, das ist der höchste Berg auf unserem Planeten. Wie hoch dieser Berg wirklich ist, war lange Zeit umstritten. 2020 wurde aber endlich die offizielle Höhe des höchsten Berges der Welt verkündet: Sage und schreibe 8.848 Meter und 86 Zentimeter.

FAKT 25: GIBT ES NOCH EINEN ANDEREN HÖCHSTEN BERG DER ERDE?

Ja, tatsächlich! Wenn man nämlich nicht von der Höhe des Meeresspiegels aus misst, sondern vom Fuß des Berges aus, dann ist der Mauna Kea auf Hawaii der höchste Berg der Erde. Er ist unglaubliche 10.205 Meter hoch. Davon liegen jedoch nur 4.214 Meter über dem Wasser.

FAKT 26: UND NOCH EIN FAKT ZU BERGEN …

Der Mount Everest und viele andere hohe Berge wurden bereits viele Male von mutigen Bergsteigern bestiegen. Aber hast du dich schon einmal gefragt, welcher Berg der höchste auf der Welt ist, auf dessen Gipfel noch kein einziger Mensch gewesen ist? Tatsächlich ist das der Berg Gangkhar Puensum in Bhutan. Es ist verboten, diesen Berg zu besteigen, weil die Menschen im Bhutan glauben, dass die Götter dort wohnen.

FAKT 27: WELCHER SEE IST DER TIEFSTE DER WELT?

Hast du dich schon einmal gefragt, welcher See der tiefste auf der ganzen Welt ist? Es ist der Baikalsee. An seiner tiefsten Stelle ist er 1.637 Meter tief. Der See ist in Russland, in der Nähe der Grenze zur Mongolei in Sibirien. Außerdem ist er der See auf der Welt, in dem sich das meiste Süßwasser befindet. Der Baikalsee ist sogar der älteste Süßwassersee auf der ganzen Welt. Aber nicht nur das macht den Baikalsee so besonders: Zwei Drittel aller Tier- und Pflanzenarten in dem See kommen nur im Baikalsee vor und nirgendwo sonst. Man sagt dazu auch, dass sie „endemisch" sind.

FAKT 28: WAS SIND DIE ABGELEGENSTEN ORTE DER WELT?

Der abgelegenste Ort der Welt, an dem Menschen wohnen, ist die Inselgruppe Tristan da Cunha, die sich im südlichen Atlantik befindet. Auf der Hauptinsel, die auch Tristan da Cunha heißt, befindet sich der Ort „Edinburgh of the Seven

Seas“, der ungefähr 300 Einwohner hat. Von diesem Ort aus sind es ungefähr 3.000 Kilometer bis nach Südafrika. Der am weitesten von allen Küsten und Inseln der Erde entfernte Ort hingegen liegt im südlichen Teil des Pazifiks. Dieser Ort wird „Point Nemo“, also Punkt Niemand, genannt und ist teilweise auch der sogenannte „Pol der Unzugänglichkeit“. Was du bestimmt noch nicht wusstest: An Point Nemo gibt es einen Raumschiffsfriedhof. Spannend, oder?

FAKT 29: WELCHER IST DER GRÖẞTE HAFEN, DEN ES AUF DER WELT GIBT?

Der größte Hafen der Welt ist der Containerhafen in Shanghai. Mit großem Abstand kommt der größte europäische Containerhafen, den es in Rotterdam gibt. Er ist nur der elftgrößte Hafen der Welt und hat lediglich ein Drittel der Größe des Hafens von Shanghai.

FAKT 30: HEIẞT LOS ANGELES WIRKLICH LOS ANGELES?

Du kennst bestimmt die berühmte Stadt Los Angeles, die in Kalifornien in den USA liegt. Los Angeles ist vor allem für Hollywood berühmt. Los Angeles heißt aber gar nicht Los Angeles. In Wirklichkeit heißt die Stadt nämlich El Pueblo de Nuestra Señora la Reina de los Ángeles del Rio de Porciúncula (das Dorf der Königin der Engel beim Fluss Porciúncula). Ein wahrer Zungenbrecher, oder?

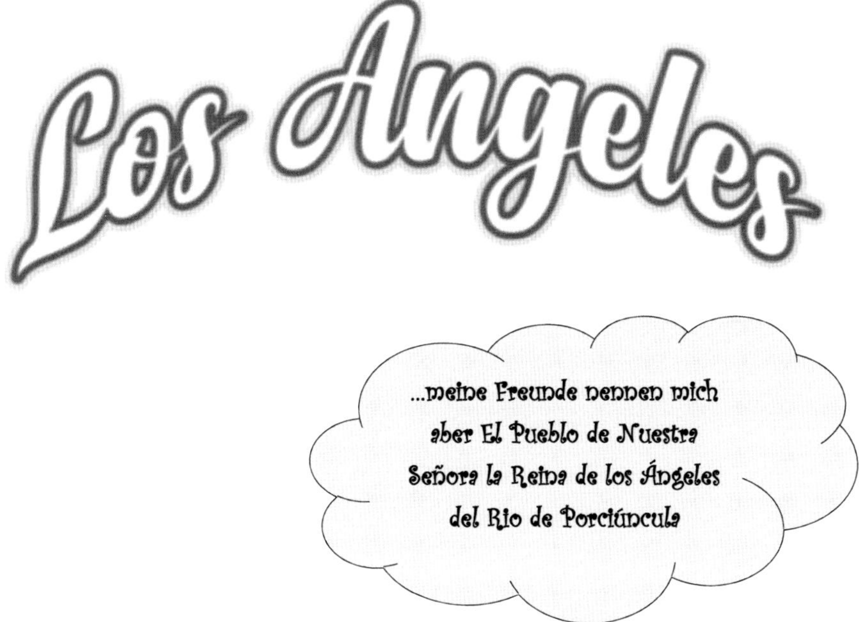

FAKT 31: WAS IST DER TIEFSTE PUNKT DER ERDE?

Hast du schon einmal vom Marianengraben gehört? Das ist die tiefste Stelle des Meeresbodens. Der Graben ist sage und schreibe 11.034 Meter tief und befindet sich im Pazifischen Ozean in der Nähe der Insel Guam. Obwohl der Marianengraben so tief ist, ist er dennoch voller Leben: Hauptsächlich leben dort Krebse und Bakterien, die Abfälle und Überreste von anderen Tieren essen, die in den Graben sinken.

FAKT 32: WELCHES LAND HAT DIE MEISTEN NACHBARLÄNDER?

Vielleicht hast du dich schon einmal gefragt, welches Land an die meisten anderen Länder grenzt. Tatsächlich gibt es zwei Länder, die jeweils die meisten Nachbarländer haben. Und zwar Russland und China. Beide Länder haben jeweils vierzehn Nachbarländer. Deutschland hat lediglich neun Nachbarländer und teilt sich deshalb mit der Demokratischen Republik Kongo (DRK) den vierten Platz.

FAKT 33: GEHÖRT JEDES STÜCKCHEN ERDE ZU EINEM LAND?

Nein, tatsächlich nicht. Es gibt verschiedene Orte auf unserer Erde, die zu keinem Staat gehören. Das größte Gebiet, das zu keinem Land der Erde gehört, ist das Marie-Byrd-Land in der Antarktis. Dieses Fleckchen Erde ist riesig: 1,6 Millionen Quadratkilometer, was ungefähr so groß ist wie Mitteleuropa. Warum dieses riesige Areal zu keinem Land der Welt gehört? Es ist schlichtweg für die meisten Staaten absolut uninteressant. Es ist bitterkalt, beherbergt einige aktive Vulkane und verfügt kaum Bodenschätze.

FAKT 34: WO BEFINDET SICH DER JEWEILS NÖRDLICHSTE UND SÜDLICHSTE PUNKT DES EUROPÄISCHEN FESTLANDES?

Viele Menschen denken, dass das Nordkap der nördlichste Punkt des europäischen Festlandes sei. Das stimmt jedoch gar nicht! Tatsächlich ist die Felsspitze Kinnarodden in Norwegen der nördlichste Punkt des europäischen

Festlandes. Diesen Ort kann man jedoch kaum ohne größeren Aufwand erreichen: Hier ist kein Platz für Urlauber mit Wohnmobilen. Kinnarodden kann man nur erreichen, wenn man eine 24 Kilometer lange Wanderung unternimmt. Der südlichste Punkt des europäischen Festlandes hingegen ist die Punta da Tarifa in Andalusien in Spanien. Hier kannst du tollen Urlaub machen und das angenehm warme Wetter genießen. Übrigens: Die Luftlinie zwischen diesen beiden Orten beträgt ungefähr 4.400 Kilometer.

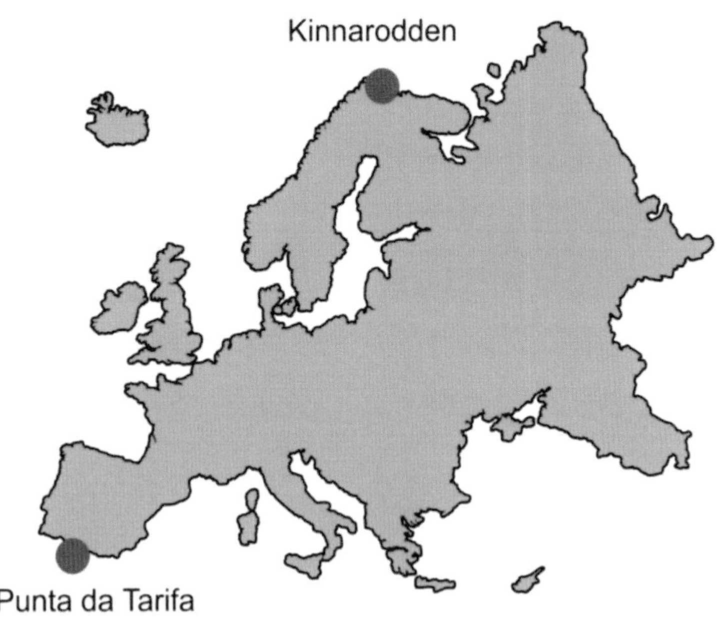

FAKT 35: WELCHER SEE IST DER GRÖßTE SEE IN EUROPA?

Der größte See in Europa ist der Ladogasee in Russland. Er hat eine Fläche von ungefähr 17.700 Quadratkilometern, was größer ist als Schleswig-Holstein. Der See ist ungefähr 33-mal so groß wie der größte See in Deutschland, der Bodensee. Trotzdem ist der Ladogasee nur auf Platz 14 der größten Seen auf der gesamten Erde.

FAKT 36: WO GIBT ES DAS KLARSTE WASSER DER WELT?

Hast du schon einmal vom Blue Lake in Neuseeland gehört? Dieser See hat das klarste Wasser auf der ganzen Welt. Das Wasser im Blue Lake ist so klar, dass man darin mehr als 70 Meter weit sehen kann. Noch weiter sehen, kann man nur in destilliertem Wasser. Darin kann man ungefähr 80 Meter weit sehen.

FAKT 37: FLEIẞIGE SCHLÄFER

In Japan gehört es zur Kultur, besonders hart zu arbeiten und stolz darauf zu sein. Das nimmt teilweise bizarre Auswüchse an: In dem ostasiatischen Land gilt es als normal, während der Arbeitszeit zu schlafen. Wer auf der Arbeit schläft, der zeigt seinen Kollegen damit, wie hart er arbeitet und wie fleißig er ist. So hinterlässt er direkt einen guten Eindruck.

FAKT 38: DAS GLÜCKLICHSTE LAND DER WELT?

In den meisten Ländern der Welt wird der Erfolg des Landes in Geld gemessen. Das sogenannte „Bruttonationalprodukt“ soll messen, wie reich ein Land ist und wie die wirtschaftliche Entwicklung ist. In Bhutan, einem kleinen Land im Himalaja, ist das anders: Die Regierung hat sich zum Ziel gesetzt, dass die Menschen hier die glücklichsten der Welt werden sollen. Deswegen wird hier nicht das Bruttonationalprodukt, sondern das „Bruttonationalglück“ gemessen. Ein interessanter Ansatz!

Nicht nur schönes Wetter – Meteorologie für kleine Entdecker

Meteorologie ist die Wissenschaft, die sich mit unserem Wetter und der Vorhersage des Wetters beschäftigt. Deswegen habe ich hier für dich die spannendsten Fakten rund um unser Wetter und seine Vorhersage vorbereitet.

FAKT 39: SCHNELLE REGENTROPFEN

Hast du dich schon einmal gefragt, wie schnell Regentropfen sind, wenn sie auf dein Gesicht prasseln? Tatsächlich prasselt ein durchschnittlicher Regentropfen mit ungefähr 35 Kilometern pro Stunde auf die Erde. Ganz schön schnell! Bei Sturm werden die Tropfen noch schneller, Hagelkörner sind aufgrund ihres Gewichtes aber am schnellsten.

FAKT 40: GANZ SCHÖN KALT

Wusstest du, was die kälteste je gemessene Temperatur in Deutschland war? Tatsächlich -45,9 Grad Celsius. Dieser Wert wurde am 24.12.2001 am Funtensee in Bayern gemessen. Weltweit die tiefste bisher gemessene Temperatur waren -89,2 Grad an der Antarktisstation Rostock am 21.07.1983.

FAKT 41: DAS GRÖßTE BEKANNTE HAGELKORN

Dass Hagelkörner sehr groß werden können, hast du vielleicht schon einmal beobachtet. In Mitteleuropa können Hagelkörner bis zu zehn Zentimeter Durchmesser haben. In den USA wurde allerdings im Juni 2003 ein Hagelkorn gefunden, das einen Umfang von fast einem halben Meter hatte! Da muss man wirklich aufpassen, nichts auf den Kopf zu bekommen.

FAKT 42: DIE FORM VON REGENTROPFEN

In Bilderbüchern haben Regentropfen meistens eine ganz besondere Form: Sie sind oben spitz und unten rund. So sieht in der Realität aber kein Regentropfen aus. Stattdessen sind sie einfach nur rund. Wenn sie jedoch einen Durchmesser von mindestens 2 Millimetern haben, dann flachen sie beim Fallen ab, bis sie in etwa die Form eines kleinen Burgers haben. Guten Appetit!

FAKT 43: WAS VOR DEM REGEN GESCHIEHT

Wasser sammelt sich in Regenwolken, bevor es wieder nach unten auf die Erde fällt. Aber vorher schwebt es als Wasserdampf gasförmig durch die Erdatmosphäre und kühlt sie so ab. Allerdings geht das höchstens 10 Tage lang, dann allerspätestens regnet es.

FAKT 44: JEDE MENGE REGEN

Hättest du gedacht, dass es auf unserer Erde pro Jahr ungefähr 500.000 Kubikkilometer Wasser gibt, das als Regen vom Himmel kommt? Wenn diese riesige Menge auf einmal auf Deutschland hinunter prasseln würde, dann wäre unser Land 1,4 Kilometer tief unter Wasser. Die Menge ist unvorstellbar groß, weshalb ich sie dir nicht einmal in Badewannen umrechnen kann. Würde der gesamte Niederschlag aber auf einmal auf die Erde prasseln, wäre auf dem gesamten Planeten einen Meter hoch Wasser.

FAKT 45: DER REGENREICHSTE ORT DER WELT

Hast du dich vielleicht schon einmal gefragt, an welchem Ort der Welt es am allermeisten regnet? Tatsächlich ist das der Berg Wai'ale'ale auf der Insel Kaua'i, die zu Hawaii gehört. Dort regnet es an sage und schreibe 335 Tagen im Jahr. Wai'ale'ale bedeutet auf Deutsch übersetzt übrigens auch „überfließendes Wasser".

FAKT 46: DAS WEIẞE HAUS IST GAR NICHT WEIẞ

Du kennst mit Sicherheit das Weiße Haus, also den Amtssitz des amerikanischen Präsidenten. Das Weiße Haus ist aber in Wirklichkeit gar nicht weiß. Tatsächlich wurde es mit der Farbe 812285, einem Elfenbeinton, gestrichen. Das ist ein Weiß mit einem leichten Gelbstich. Hergestellt wird die Farbe, mit der das Weiße Haus gestrichen wird, übrigens in Deutschland, in der Nähe von Augsburg.

Spannende Fakten aus den Schatzkammern der Geschichte

Geschichte muss nicht langweilig oder staubtrocken sein. Ich habe hier die spannendsten Fakten aus der Geschichte für dich vorbereitet.

FAKT 47: GLADIATOREN WAREN NUR BESTIMMTE KÄMPFER

Du dachtest bestimmt, dass du genau weißt, was Gladiatoren waren, und zwar die Kämpfer, die im alten Rom zur Belustigung von Zuschauern gegen Menschen und Tiere kämpften – bis in den eigenen Tod. Das stimmt aber nur halb: Gladiatoren waren nur die Kämpfer, die gegen andere Menschen gekämpft haben. Die Kämpfer hingegen, die gegen Tiere gekämpft haben, wurden Bestiarii genannt.

FAKT 48: WAS ES MIT DER AUGENKLAPPE VON PIRATEN AUF SICH HATTE

Hast du dich schon einmal gefragt, wofür Piraten ihre Augenklappe getragen haben? Tatsächlich war der Sinn dahinter, dass sie nur bei Nacht abgenommen wurde und die Piraten dann besser in der Dunkelheit sehen konnten. So war das verdeckte Auge nur gewohnt, im Dunkeln sehen zu müssen, und konnte das deshalb deutlich besser als Augen, die auch dem Licht ausgesetzt waren.

FAKT 49: POLARLICHTER IN ROM

Das Jahr 1859 war ein ganz besonderes Jahr für die Erde. In diesem Jahr fanden auf der Sonne besonders starke Sonnenstürme statt, die zu magnetischen Stürmen auf der Erde geführt haben. Diese Stürme waren so stark, dass man sogar in Rom Polarlichter sehen konnte. Außerdem konnte das Stromnetz der Telegrafen für zwei Stunden abgeschaltet werden, weil die Telegrafen nur mit der Energie des magnetischen Sturms arbeiten konnten. Verrückt!

FAKT 50: WAS LIECHTENSTEIN UND HAITI VERBINDET

Hättest du gewusst, was Liechtenstein und Haiti verbindet? Liechtenstein ist ein sehr kleines Land in den Alpen, das komplett von der Schweiz umschlossen ist. Haiti hingegen ist ein Land in der Karibik – also zwei völlig verschiedene Welten. Tatsächlich ist es so, dass beide Länder bis 1936 die gleiche Flagge hatten. Dieser kuriose Fakt ist überhaupt erst 1936 bei den Olympischen Spielen in Berlin aufgefallen – vorher wusste das einfach niemand.

FAKT 51: HOCHZEITEN IM ZWEITEN WELTKRIEG

Könntest du dir eine Hochzeit vorstellen, bei der der Bräutigam nicht dabei ist? Nein, oder? Im Zweiten Weltkrieg, der von 1939 bis 1945 ging, war das jedoch in Deutschland erlaubt – wenn der Bräutigam ein deutscher Soldat war. Anstelle des Bräutigams wurde einfach sinnbildlich ein Stahlhelm mit aufs Standesamt genommen und auf den Platz gelegt, auf dem der Bräutigam hätte sitzen müssen. Genannt wurde dieses Phänomen „Ferntrauung". So stellt sich aber doch niemand seine Hochzeit vor, oder?

FAKT 52: LOUIS XIV. UND SEINE PERÜCKEN

Louis XIV. – der Vierzehnte – wurde häufig auch als der „Sonnenkönig" bezeichnet. Er war der König von Frankreich und hat von 1638 bis 1715 gelebt. Louis, in Deutschland wird er auch häufig als Ludwig bezeichnet, war für seinen besonderen Lebensstil in der damaligen Zeit absolut berühmt. Eine seiner besonderen Vorlieben: seine Perücken. Er hatte 40 fest angestellte Perückenmacher, die nur für seine eigenen Perücken zuständig waren, und fast 1000 Perücken. Louis wurde sogar schon im zarten Alter von nur vier Jahren König und hat 72 Jahre über Frankreich regiert.

FAKT 53: DER VERRÜCKTE OHRENKRIEG

Hättest du gedacht, dass einmal ein Krieg geführt wurde – nur wegen eines Ohrs? Tatsächlich hat sich das genauso im Jahre 1739 zugetragen. Die Briten haben in diesem Jahr nämlich die Spanier angegriffen, weil ein Spanier das Ohr des britischen Schiffskapitäns Robert Jenkins abgeschnitten hat.

FAKT 54: NAPOLEON WURDE GAR NICHT IN FRANKREICH GEBOREN

Napoleon Bonaparte ist einer der berühmtesten Franzosen der Geschichte. Er hat von 1769 bis 1821 gelebt. Er war ein französischer General und später Kaiser der Franzosen. Umso erstaunlicher ist es, dass er gar nicht direkt in Frankreich geboren wurde, sondern in der Stadt Ajaccio auf der Mittelmeerinsel Korsika. Ajaccio ist die größte Siedlung auf Korsika und liegt 390 Kilometer südöstlich von Marseille im Mittelmeer. Korsika gehört zwar zu Frankreich, die meisten Einwohner der Insel, die sich Korsen nennen, fühlen sich Frankreich jedoch nicht besonders verbunden. Napoleons Familie stammte tatsächlich sogar aus Italien und hatte überhaupt keine französischen Wurzeln. Geboren wurde er sogar als Napoleone di Buonaparte, was ein sehr italienischer Name ist.

FAKT 55: DIE KÖNIGE IM KARTENSPIEL

Hättest du gewusst, dass die Könige in einem klassischen Kartenspiel jeweils einen echten König aus der Geschichte darstellen sollen? Der Pikkönig soll König David aus der Bibel darstellen, der Kreuzkönig soll Alexander den Großen darstellen, der Herzkönig Karl den Großen und der Karokönig Gaius Julius Cäsar.

FAKT 56: WARUM DER PANAMAKANAL SO BEEINDRUCKEND IST

Der Panamakanal war zu Beginn seines Baus das größte Bauprojekt der damaligen Zeit. Er wurde gebaut, damit Schiffe nicht mehr einmal komplett um Südamerika fahren mussten, wenn sie von der einen Seite auf die andere Seite des Kontinents wollten. Tatsächlich hat Frankreich schon 1881 mit dem Bau dieses riesigen Projektes begonnen, dieses jedoch schnell wieder eingestellt, weil die Arbeiter überfordert waren. In die Tat umgesetzt wurde das Projekt dann zwischen 1904 und 1914 von den USA. Der gesamte Bau des Kanals hat unglaubliche 500 Millionen US-Dollar verschlungen und mehr als 5.600 Arbeiter sind beim Bau ums Leben gekommen. Der Kanal ist ungefähr 80 Kilometer lang und liegt ungefähr 26 Meter über dem Meeresspiegel. Das erste Schiff, das den Kanal passiert hat, ist der kleine Frachter Cristóbal, der am 3. August 1914 den Kanal in voller Länge durchquert hat. Übrigens: Offiziell eröffnet wurde der Kanal jedoch erst 1920 durch den US-Präsidenten Woodrow Wilson. Vorher war der Erste Weltkrieg, weshalb die Feierlichkeiten immer wieder verschoben werden mussten.

FAKT 57: WIE ALT DIE LEUTE FRÜHER WURDEN

Dass die Menschen in früheren Jahrhunderten sehr früh gestorben sind, wusstest du mit Sicherheit schon. Aber hättest du gedacht, dass im Jahr 1900 in Deutschland die Leute schon deutlich früher gestorben sind? Immerhin ist das noch gar nicht so lange her. Tatsächlich sind Männer in Deutschland um 1900 durchschnittlich nur 46 Jahre und Frauen nur 52 Jahre alt geworden. Zu dem Zeitpunkt sind tatsächlich nur 5 % der Menschen 70 Jahre alt geworden, was das damalige Eintrittsalter in die Rente war. Heute hingegen werden Frauen im Schnitt 83 Jahre alt und Männer 78 Jahre alt. Da hat sich wirklich einiges verbessert, oder?

FAKT 58: FRAUENPOWER BEI DEN PHARAONEN

Du weißt bestimmt schon viel über Pharaonen, die Könige der Ägypter vor vielen tausend Jahren. Tatsächlich war es damals normal, dass nur Männer Pharaonen werden konnten. Trotzdem ist überliefert worden, dass es auch zwei weibliche Pharaonen gab: Nofrusobek, die von 1806 bis 1802 vor Christus regiert hat, und Hatschepsut, die von 1507 bis 1458 vor Christus regiert hat. Beide haben sich jedoch immer als Mann zeichnen lassen, um nicht so viel Aufmerksamkeit zu erregen.

Verrückte Tiere – Rund um die Natur

Über Tiere gibt es so viele verrückte und spannende Fakten, dass wir ihnen ein eigenes Kapitel widmen. Sei gespannt auf die skurrilsten Fakten aus dem Tierreich.

FAKT 59: TIGER HABEN NICHT NUR GESTREIFTES FELL, SONDERN AUCH GESTREIFTE HAUT

Das hättest du bestimmt nicht gedacht: Tiere haben nicht nur gestreiftes Fell, auch die Haut unter dem Fell ist gestreift. Es wird zwar sicherlich nicht so häufig vorkommen, dass du einen Tiger ohne Fell sehen wirst, aber trotzdem ist dieser Fakt beeindruckend.

FAKT 60: AMEISEN KÖNNEN NICHT SCHLAFEN

Ja, wirklich: Ameisen schlafen NIE. Zwar war dir bestimmt schon bewusst, dass Ameisen wirklich fleißige Tiere sind, aber dieser Fakt war dir bestimmt nicht klar. Ameisen ruhen sich ab und zu aus, aber schlafen, so wie wir es tun, können sie nicht.

FAKT 61: ALLE EISBÄREN SIND LINKSHÄNDER

Klar, Eisbären können natürlich nicht schreiben, aber sie tun trotzdem jede Menge Dinge mit ihren Pfoten – und das bevorzugt mit ihrer linken. Also können wir festhalten: Alle Eisbären sind Linkspfotler.

FAKT 62: EINIGE DELFINE KÖNNEN IHRE FARBE WECHSELN

Das hättest du bestimmt nicht gedacht: Es gibt eine Delfinart, die ihre Farbe während ihres Lebens wechselt, und zwar die Amazonasdelfine. Junge Delfine dieser Art sind noch silbergrau, aber ältere Delfine, also die Omas und Opas, werden mit der Zeit rosafarben. Leider sind Amazonasdelfine aber eine vom Aussterben bedrohte Tierart.

FAKT 63: WARUM SCHLANGEN SO FLEXIBEL SIND

Hast du dich schon einmal gefragt, warum Schlangen sich so leicht hin- und herwenden können? Tatsächlich ist das ein Wunder der Natur! Schlangen können über 400 Wirbel haben, die sie so gelenkig und flexibel machen. Damit du einen Vergleichswert hast: Wir Menschen haben nur 33 Wirbel.

FAKT 64: DAS GEHEIMNIS DER WICKELBÄREN

Kennst du Wickelbären? Wickelbären sind Bären, die in Mittel- und Südamerika leben und circa 40 bis 60 Zentimeter groß werden können. Sie sind gelblich bis hellbraun und haben eine erstaunliche Besonderheit: Sie sind in der Lage, ihre Füße komplett zu drehen. Wenn sie ihre Füße dann einmal um 180 Grad gedreht haben, können sie damit genauso schnell rückwärts laufen wie vorwärts. Verrückt, oder? Wie schnell kannst du rückwärts laufen?

FAKT 65: LANGE ZUNGE

Chamäleons sind nicht nur dafür bekannt, dass sie ihre Farbe an die Farben ihrer Umgebung anpassen können. Sie haben auch noch eine weitere Besonderheit: Ihre Zunge ist ungefähr doppelt so lang wie ihr Körper! Chamäleons können bis zu 80 Zentimeter groß werden. Wie lang ihre Zungen dann werden können, kannst du dir mit Sicherheit selbst schnell ausrechnen. Na, was kommt dabei heraus?

FAKT 66: WOMBAT-KACKA

Kennst du Wombats? Diese knuffig aussehenden Tiere leben in Australien und haben ganz besondere Ausscheidungen: Ihre Hinterlassenschaften sind würfelförmig. Bis die Würfel-Kacka den Wombat-Popo verlässt, vergehen jedoch mindestens 14 bis 18 Tage. Verrückt, oder? Die süßen Tiere werden bis zu einem Meter groß und wiegen zwischen 20 und 35 Kilogramm. Sie ernähren sich hauptsächlich von Gras, krautigen Pflanzen und Moosen, aber auch von Wurzeln und Pilzen.

FAKT 67: URALTE KÜCHENSCHABEN

Du kennst mit Sicherheit Küchenschaben. Küchenschaben sind nicht besonders hübsch oder appetitlich, aber sie haben einen riesigen Überlebenswillen. Sie gehören nämlich zu den ältesten Tieren auf unserer Erde. Küchenschaben gab es nämlich schon, als es noch nicht mal Dinosaurier auf unserer Erde gab. Weil sie so wenige Ansprüche an ihre Umwelt haben und so widerstandsfähig sind, werden sie mit Sicherheit auch nicht so schnell aussterben.

FAKT 68: SEESTERNE UND IHRE NEUEN ARME

Seesterne haben zwar weder ein Gehirn noch ein Herz, aber dafür eine wirklich erstaunliche Besonderheit. Seesterne sind nämlich viel faszinierendere Tiere, als du bisher gedacht hast: Sie können nämlich ihre Arme freiwillig ablösen und danach neu wachsen lassen. Auch wenn sie angegriffen werden und einer ihrer Arme verletzt wird, wächst ihnen danach einfach wieder ein neuer. Das dauert zwar einige Zeit, ist aber ein großer Vorteil.

FAKT 69: DAS HORN DER NARWALE

Kennst du Narwale? Narwale sind faszinierende Wale, die über fünf Meter lang werden und mehr als 900 Kilogramm wiegen können. Wenn du das erste Mal einen Narwal siehst, wird dir direkt eine Besonderheit ins Auge springen: Ein bis zu drei Meter langes Horn, das ihnen direkt aus der Oberlippe wächst. Alle Männchen der Narwale haben eines dieser Hörner, aber auch einige Weibchen. In Wahrheit ist dieses extrem lange Horn, jedoch gar kein Horn, sondern ein Zahn! Im Laufe der Jahrmillionen hat sich während der Evolution einfach ein Zahn der Wale zu einem langen Horn entwickelt. Erstaunlich, oder?

FAKT 70: DIE FLIEGENDEN SCHMUCKBAUMNATTERN

Schmuckbaumnattern sind Schlangen, die in den tropischen Regenwäldern in Süd- und Südostasien beheimatet sind. Sie leben in Bäumen und sind zwischen 60 Zentimeter und 1,20 Meter groß. Außerdem sind sie giftig. Sie haben jedoch eine wirklich erstaunliche Besonderheit: Sie können nämlich fliegen! Fliegende Schlangen? Aber sie haben doch keine Flügel, oder? Tatsächlich können diese Schlangen bis zu 100 Meter weit im Gleitflug fliegen, in der Luft ihre Richtung steuern und sich sogar umdrehen. Aber wie funktioniert das, so ganz ohne Flügel? Wenn die Schlange fliegen möchte, dann spreizen sich ihre Rippen nach außen. Wenn sie das tut, nimmt ihre Unterseite die Form einer Tragfläche an, ganz so wie an einem Flugzeug. Verrückt, oder?

FAKT 71: FRÜHLINGSPFEIFER UND IHR FROSTSCHUTZMITTEL

Du kennst mit Sicherheit Frostschutzmittel, vor allem vom Auto. Frostschutzmittel verhindern, dass Dinge gefrieren. Frühlingspfeifer sind Frösche, die zwischen 1,9 und 3,7 Zentimeter groß sind. Sie sind hellbraun, grün, olivgrün oder grau. Frühlingspfeifer leben in Kanada, Mexiko und an der gesamten Ostküste der USA. Aber was ist nun ihre Besonderheit? Kommen wir zurück zum Frostschutzmittel. Die Frösche haben eine Art biologischen Frostschutzmittel in ihrem Blut, das sie besonders widerstandsfähig gegen Temperaturen unter dem Gefrierpunkt macht. So erfrieren sie nicht so schnell und können auch bei niedrigen Temperaturen besonders aktiv bleiben.

FAKT 72: PUPSENDE SEEKÜHE

Seekühe sind riesige, im Wasser lebende Säugetiere, die mit den Elefanten verwandt sind. Sie wiegen mehr als eine Tonne, sind bis zu fünf Meter lang und sehen den Elefanten auch generell sehr ähnlich. Seekühe sind in tropischen Gewässern in Südamerika, Afrika und rund um Australien zu Hause. Die riesigen Tiere haben eine interessante Besonderheit: Um im Wasser zu manövrieren, verwenden sie ihre Pupse! Ja, wirklich: Sie regulieren mit ihren Flatulenzen (Pupsen) ihren Auftrieb. Wenn sie ihren Pups unterdrücken, dann treiben sie geradeaus oder hoch, und wenn sie heruntersinken wollen, dann pupsen sie. Wenn die Gase aus ihrem Körper entweichen, dann werden sie davon nicht mehr nach oben gezogen und sinken herab.

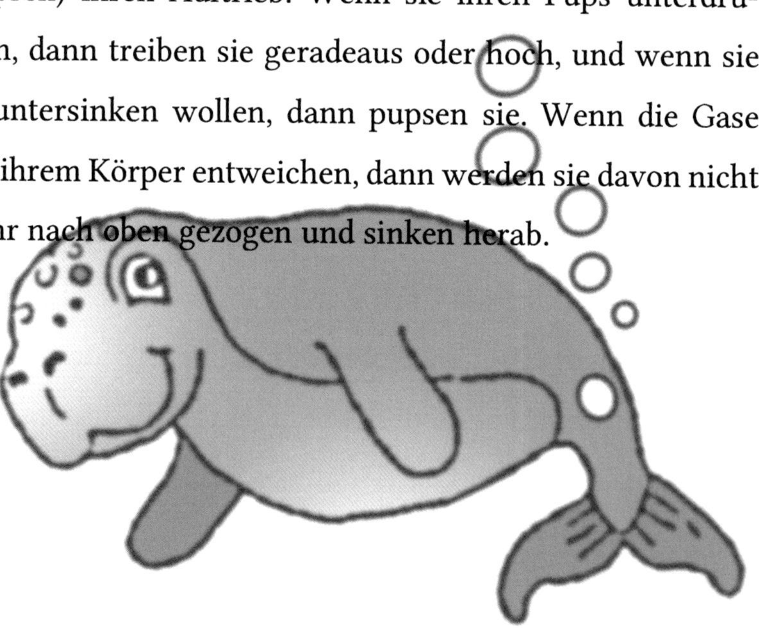

FAKT 73: WARUM KATZEN HAUSTIERE GEWORDEN SIND

Den Vorgang, dass Tiere sich immer mehr an den Menschen anpassen und sogar mit ihm zusammenleben, nennen wir „Domestizierung“. Der Hund beispielsweise entstand aus dem Wolf und wurde vom Menschen extra so gezüchtet, dass er verschiedene Aufgaben rund um Haus und Hof wahrnehmen kann, zum Beispiel Tiere hüten, Wachhund sein oder viele weitere Aufgaben. Die Katze hingegen wurde nie vom Menschen gezielt dazu gebracht, ein Haustier zu werden. Die Katze hat sich freiwillig an die Seite des Menschen gestellt, weil es in der Nähe von Menschen immer viel mehr für sie zu fressen gibt. Katzen sind einfach schlau!

FAKT 74: HERZ ÜBER KOPF

Garnelen sind eher unscheinbare Meeresbewohner. Aber hättest du gewusst, dass sie ihre Herzen in ihren Köpfen haben? Tatsächlich ist das so. Verrückt, oder?

FAKT 75: DAS KLEINSTE VOGEL-NEST DER WELT

Kolibris sind die kleinsten Vögel der Welt, sie werden nur ungefähr sechs Zentimeter groß und maximal zwei Gramm schwer. Da ist es logisch, dass Kolibris auch die kleinsten Vogelnester der Welt bauen. Sie sind im Durchschnitt nur ungefähr drei Zentimeter groß, also so groß wie eine Walnuss.

FAKT 76: ZAHNLOSE AMEISENBÄREN

Ameisenbären sind sehr erstaunliche Tiere. Sie haben eine bis zu 60 Zentimeter lange Zunge, mit dem sie ihr Futter, also die Ameisen, quasi aufsaugen. Ameisenbären sind in Mittel- und Südamerika zu Hause und werden bis zu 140 Zentimeter groß. Tatsächlich haben Ameisenbären aber keine Zähne. Sie brauchen sie einfach nicht, weil sie ihr Futter auch ohne Zähne verdauen können. Und was in der Natur unnötig ist, gibt es auch nicht.

Eindrucksvoller Körper – Rund um den menschlichen Körper und die Medizin

Kommen wir nun zu den interessantesten Fakten rund um den menschlichen Körper. Bist du auch schon so gespannt wie ich, was es für verrückte Infos rund um deinen Körper gibt? Dann lies weiter!

Fakt 77: Was ist alles in unserem Körper?

Hast du dich schon einmal gefragt, was alles in deinem Körper steckt? Klar, du hast einen Kopf, zwei Beine, zwei Arme, einen Bauch, einen Po. Aber was steckt unter der Haut?

Du hast in deinem Körper 29 Organe, 206 Knochen, ganze 650 Muskeln, fünf bis sieben Liter Blut, 100 Milliarden Nervenzellen und 100 Billionen Bakterien. Eine ganze Menge, oder?

FAKT 78: DIE HAUT IST DAS GRÖßTE ORGAN

Das hättest du mit Sicherheit nicht gedacht: Deine Haut ist das größte Organ deines Körpers. Die meisten Menschen denken, dass die Lunge das größte Organ in ihrem Körper ist, dabei stimmt das nicht. Würde man die Haut eines erwachsenen Menschen ausklappen, würde ihre Fläche zwischen 1,5 und 2 Quadratmeter betragen. Deine Haut macht außerdem 20 % deines Körpergewichts aus.

FAKT 79: MORGENS EIN RIESE, ABENDS EIN ZWERG

Wusstest du schon, dass du morgens bis zu drei Zentimeter größer bist als abends? Das liegt daran, dass sich – während du schläfst – die Zwischenräume deiner Wirbel (die Zwischenwirbelscheiben) mit Wasser füllen. Wenn du dich bewegst, baut dieses Wasser sich jedoch nach und nach ab.

FAKT 80: GROẞE NASE UND OHREN

Noch ein Fakt, der wirklich verrückt ist: Die Nase und die Ohren von Menschen wachsen ein ganzes Leben lang! Achte einmal darauf, vielleicht fällt dir ja auf, dass deine Oma oder dein Opa sehr große Ohren oder eine besonders große Nase hat. Tatsächlich wachsen die Ohren eines Menschen pro Jahr ganze 0,22 Millimeter. Das sind bis zum 80. Geburtstag zwei Zentimeter. Außerdem ist die Nase, wenn man 97 Jahre alt ist, im Durchschnitt 0,8 Zentimeter größer als im Alter von 30 Jahren.

FAKT 81: HINTERLASSENSCHAFTEN DEINER HAUT

Hättest du gedacht, dass du jedes Jahr mehr als drei Kilo an Hautzellen verlierst? Wirklich erstaunlich. Pro Minute sterben mehr als 30.000 deiner Hautzellen ab und werden sofort durch neue ersetzt. Deine gesamte Haut wird innerhalb eines Monats erneuert. Die alten Hautzellen rieseln dann einfach von deinem Körper herab. Ein Großteil des Staubes in unseren Wohnungen und Häusern besteht tatsächlich aus diesen abgestorbenen Hautzellen.

FAKT 82: DIE MACHT DER MAGENSÄURE

Die Magensäure in deinem Magen hat die Aufgabe, deine Nahrung zu zersetzen, damit du sie leichter verdauen kannst. Und sie hat sehr viel Power! Deine Magensäure ist so effektiv, dass sie sogar Rasierklingen auflösen kann. Wenn sie auf deine Haut treffen würde, würde die Haut verätzt werden und es käme zu Verletzungen. Jetzt fragst du dich vielleicht, warum dein Magen sich nicht selbst verdaut. Das liegt daran, dass die Hülle des Magens, die Magenwand, mit viel Schleim ausgestattet ist, der die Säure abhält. Außerdem erneuern die Zellen der Magenwand sich ständig neu. Ein Wunder der Natur!

FAKT 83: RASANTES NIESEN UND HUSTEN

Es ist dir wahrscheinlich gar nicht wirklich bewusst – aber wenn wir niesen und husten, dann tun wir das in einer gewaltigen Geschwindigkeit: Wenn du niest, dann verbreiten sich der Speichel und die Bakterien mit über 160 Kilometern die Stunde. Wenn du hustest, dann wird deine Lunge mit über 1000 Kilometern pro Stunde – das ist fast die Geschwindigkeit des Schalls – von Schleim und störenden Teilchen befreit.

FAKT 84: IIH – SCHWEIß

Unglaublich, aber wahr: Schweiß stinkt überhaupt nicht. In Wirklichkeit ist Schweiß sogar fast geruchlos. Erst die Bakterien, die wir Menschen auf der Haut tragen und die den Schweiß zersetzen, sorgen dafür, dass schwitzende Menschen stinken. Die Ausdünstungen und Verdauungsprodukte dieser Bakterien riechen für uns unangenehm.

FAKT 85: ZWINKER, ZWINKER

Wir Menschen zwinkern ständig, alle paar Sekunden. Wir können diese Bewegungen unserer Lider auch gar nicht lange unterdrücken: Das Blinzeln ist sehr wichtig für unser Auge und versorgt den Augapfel mit Feuchtigkeit. Ohne Blinzeln würden unsere Augen Gefahr laufen, auszutrocknen. Und auch, wenn das Blinzeln sehr schnell geht: Ein durchschnittlicher Mensch verbringt im Laufe seines Lebens ganze 5 Jahre mit Blinzeln.

Übrigens: Frauen blinzeln sowohl schneller als auch häufiger als Männer.

FAKT 86: LANGE FINGERNÄGEL

Wenn ein Mensch durchschnittlich alt wird, dann sind seine Fingernägel im Laufe seines Lebens sage und schreibe 25 Meter gewachsen. Damit können die Fußnägel nicht mithalten: Sie wachsen nur ungefähr ein Drittel davon, also in etwa 8,5 Meter. Warum die Fußnägel langsamer wachsen? Sie sind nicht so gut durchblutet wie Fingernägel und bekommen auch oft weniger Sonnenlicht, das beim Wachstum der Nägel hilft.

FAKT 87: HAARIGE ANGELEGENHEITEN

Hast du dich schon einmal gefragt, wie viele Haare ein Mensch im Durchschnitt hat? Die Antwort ist ziemlich schwierig: Das hängt nämlich von der Haarfarbe ab! Am Kopf hat ein durchschnittlicher blonder Mensch 150.000 Haare, ein durchschnittlicher braunhaariger Mensch 110.000 Haare, jemand mit schwarzen Haaren 100.000 Haare und jemand mit roten Haaren nur ca. 90.000 Haare. Zusätzlich haben Menschen im Schnitt 600 Haare in den Augenbrauen und 420 Wimpern. Wahnsinn, oder?

Dazu kommen aber noch die Haare am Körper: Insgesamt hat ein Mensch im Schnitt ca. 5 Millionen Haare!

FAKT 88: HAMMER IM OHR

Wusstest du, dass du einen Hammer, einen Amboss und einen Steigbügel in jedem Ohr hast? Diese drei verrückten Namen stehen für Bestandteile des menschlichen Ohrs, genauer genommen für Gehörknöchelchen. Die drei Knochen übertragen den Schall vom Trommelfell zur Paukenhöhle, dem Beginn des Innenohrs. Der Hammer ist das größte der drei Gehörknöchelchen und hat die Form eines Hammers. Er ist fest mit dem Trommelfell und dem Amboss verbunden. Der Amboss wiederum ist der mittlere der drei Gehörknöchelchen und sieht aus wie ein Zahn mit Wurzeln, er ist mit dem Steigbügel verbunden. Der Steigbügel sieht aus wie ein Steigbügel und ist das letzte der Gehörknöchelchen.

FAKT 89: KNOCHENJOB

Die Schädelplatten von Neugeborenen sind noch nicht richtig zusammengewachsen – tatsächlich haben Babys im ersten Lebensjahr sogar ein Loch im Kopf, die sogenannte

Fontanelle. Dieses Loch schließt sich im Regelfall bis zum ersten Geburtstag. Die Schädelplatten sind noch so flexibel, weil der Kopf des Kindes während der Geburt durch den Geburtskanal passen muss. Außerdem wachsen Babys, vor allem am Kopf, im ersten Jahr in einem rasanten Tempo.

FAKT 90: WAS DAS LÄCHELN AUSSAGT

Wenn jemand lächelt, dann halten wir ihn meistens für besonders freundlich und nett. In anderen Ländern hingegen ist das anders: In Japan, Indien, im Iran und sogar in Frankreich werden Menschen, die lächeln, als dumm wahrgenommen.

FAKT 91: VERRÜCKTE KRANKHEITEN

Es gibt unzählige Krankheiten, die wir Menschen bekommen können. Und es gibt jede Menge verrückte Krankheiten darunter. Ich habe hier einige besonders kuriose Erkrankungen für dich zusammengestellt: Die Sesquipedalophobie ist die Angst vor langen Wörtern, die Nanophobie ist die Angst vor (Garten-)Zwergen, die Bogyphobie ist die

Angst vor Kobolden, Spuk- oder Gruselgeschichten und die Plutophobie ist die Angst vor Reichtum. Die Abibliophobie kannst du mit diesem Buch zum Glück nicht bekommen, denn sie beschreibt die Angst davor, nichts mehr zum Lesen zu haben.

FAKT 92: BLINZEL-FAKTEN

Das menschliche Auge blinzelt pro Minute ungefähr 20-mal. Wenn du jedoch auf einen Bildschirm starrst, blinzelt dein Auge nur noch 7-mal pro Minute. Dadurch werden deine Augen ziemlich trocken. Du solltest deshalb nicht zu oft und nicht zu lange vor Bildschirmen sitzen.

FAKT 93: ZELLEN IM KÖRPER

Hättest du gedacht, dass ein erwachsener Mensch sage und schreibe 100 Billionen (ausgeschrieben sind das 100.000.000.000.000) einzelne Zellen hat? Dein Gehirn besteht aus unglaublichen 10 Milliarden Nervenzellen. Nervenzellen werden übrigens häufig auch als Neuronen bezeichnet. Fragst du dich jetzt, woher man das überhaupt weiß? Schließlich wird niemand die einzelnen Zellen gezählt haben. Tatsächlich sind diese Angaben lediglich das

Ergebnis von Schätzungen, auch eine Zählung durch einen Computer wäre viel zu aufwendig.

FAKT 94: KURIOSES GEHIRN

Das menschliche Gehirn ist ein absolutes Wunder. Wusstest du schon, dass das das Gehirn unnötige Informationen automatisch ausblendet und nicht weiterverarbeitet? Zum Beispiel das zweite „das“ im zweiten Satz. Hättest du es bemerkt? Erstaunlich, oder? Das Gehirn besteht übrigens zu 80 % aus Wasser. Verrückt.

Fakt 95: Linkshänder sind selten

Wusstest du, dass Linkshänder deutlich seltener sind als Rechtshänder? Tatsächlich sind nur 11 % der Menschen Linkshänder. Bei Linkshändern arbeiten die beiden Gehirnhälften etwas anders zusammen als bei Rechtshändern. Warum es Menschen gibt, die Linkshänder sind, und welche, die Rechtshänder sind, ist noch nicht endgültig erforscht worden. Eventuell wird vererbt, welche Hand ein Mensch bevorzugt verwendet. Es bleibt spannend!

Fakt 96: Erstaunliche Nieren

Wir Menschen haben im Regelfall zwei Nieren. Die Nieren sind dafür zuständig, unser Blut zu filtern und Gift- und Abfallstoffe aus dem Körper über den Urin auszuscheiden. Pro Tag filtern sie ungefähr 1800 Liter Blut. Die linke Niere ist meistens etwas größer als die rechte. Warum das so ist, ist unklar.

FAKT 97: VERLIEBTE AUGEN

Warst du schon einmal verliebt oder war schon einmal jemand in dich verliebt? Du kannst merken, ob jemand in dich verliebt ist, wenn du auf seine Pupillen achtest. Wenn sich jemand zu einem anderen Menschen hingezogen fühlt, dann werden seine Pupillen, also die schwarzen Punkte in den Augen, größer.

FAKT 98: WIR SIND ALLE GLEICH

Alles, was uns ausmacht – unsere Haarfarbe, unsere Größe, unsere Hautfarbe, unsere Vorlieben, Geschmäcker und Talente – ist in unserer DNA festgeschrieben. Tatsächlich unterscheiden wir Menschen uns alle nur um 0,1 Prozent unserer gesamten DNA voneinander. Das bedeutet, dass eines von tausend DNA-Teilen sich zwischen dir und mir unterscheidet. Vergleicht man die menschliche DNA mit der von Affen, beträgt der Unterschied immerhin 1 Prozent.

FAKT 99: SPORTLICHES KÜSSEN

Hättest du gedacht, dass man beim Küssen jede Menge Kalorien verbrennt? Es ist wirklich so. Wer sich eine Minute lang küsst, der verbrennt dabei 26 Kalorien. Und wenn man sich eine Stunde lang küsst, verbrennt man immerhin 1560 Kalorien. Dafür kannst du dir eine große Pizza genehmigen.

FAKT 100: AFFENSTARKE ERKÄLTUNG

Hättest du gewusst, dass Gorillas sich mit menschlichen Erkältungen anstecken können? Das Gleiche gilt auch andersherum: Wir Menschen können uns mit den Erkältungen von Gorillas anstecken.

Schräge Sportler – Rund um Rekorde, verrückte Sportler und mehr

Willkommen zu den spannendsten Fakten rund um das Thema Sport. Hier erwarten dich wieder jede Menge überraschende Infos, mit denen du so nicht gerechnet hättest. Bist du auch schon so gespannt wie ich?

FAKT 101: DER LANGSAMSTE MARATHON DER WELT

Hast du schon einmal vom langsamsten Marathon der Welt gehört? Shiso Kanaguri wollte 1912 bei den Olympischen Spielen in Stockholm am Marathon teilnehmen. Zu diesem Zeitpunkt war er 21 Jahre alt. Als er dann endlich im Ziel ankam, war er verheiratet, hatte zehn Kinder und sechs Enkel. Sein Marathon hat sage und schreibe 54 Jahre, 8 Monate, 6 Tage, 32 Minuten und 20,3 Sekunden gedauert. Aber wie kann das sein?

Tatsächlich ist Herr Kanguri während der Hitze des Marathons von der Strecke abgekommen und dabei im Vorgarten eines Hauses eingeschlafen. Dort wurde er erst am nächsten Tag gefunden. 1967 ist Kanguri dann zurück nach Stockholm gekommen und ist dann die letzten Kilometer vom Garten bis zum Ziel gelaufen.

FAKT 102: EINMAL MIT DEM FAHRRAD UM DIE WELT

Hast du schon einmal von Anna Kopchovsky gehört? Sie ist die erste Frau, die mit dem Fahrrad einmal um die Welt gefahren ist. Tatsächlich hat diese mutige Frau erst ein paar Tage vor ihrem Start gelernt, wie Fahrradfahren überhaupt funktioniert. Für die Strecke einmal um die Welt benötigte sie 15 Monate und hat dafür ein Preisgeld in Höhe von 10.000 Dollar erhalten. Wahnsinn, oder?

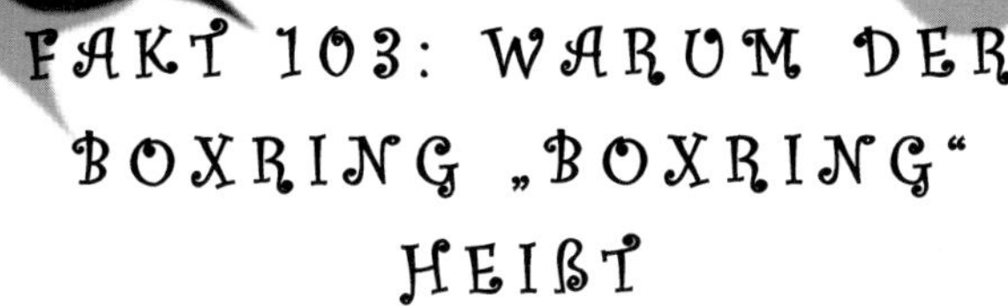

FAKT 103: WARUM DER BOXRING „BOXRING“ HEIßT

Hast du dich schon einmal gefragt, warum der Boxring als „Ring“ bezeichnet wird, obwohl er überhaupt nicht rund ist? Tatsächlich war er früher wirklich rund. Zu Beginn der Sportart standen die Zuschauer nämlich meistens einfach nur im Kreis um die Kämpfer herum.

FAKT 104: WARUM DER MARATHON SO LANG IST, WIE ER IST

Der Marathonlauf basiert auf der historischen Entfernung zwischen den griechischen Städten Athen und Marathon. Er ist offiziell genau 42,195 Kilometer lang. Tatsächlich ist die Strecke zwischen den beiden griechischen Städten jedoch nur ungefähr 40 Kilometer lang. Der Wert 42,195 wurde definiert, weil die Streckenlänge bei den Olympischen Spielen in London 1908 exakt so lang war. Meinst du, du könntest so eine lange Strecke laufen? Aber warum gibt es überhaupt einen Lauf, der Marathon heißt? Tatsächlich geht der Marathon auf eine historische Begebenheit im antiken Griechenland zurück. Nach der Schlacht von Marathon musste der Bote Pheidippides die Botschaft des Sieges vom Schlachtfeld bis ins ca. 40 Kilometer entfernte Athen bringen. Er ist die Distanz so schnell gelaufen, dass er direkt nach dem Überbringen der Nachricht an Erschöpfung gestorben ist. Ihm zu Ehren wird der Marathon auch heute noch abgehalten.

FAKT 105: KAMPF DEM ÜBERGEWICHT IN MEXIKO

Mexiko-Stadt hat sich etwas Lustiges ausgedacht, womit dem Übergewicht der Kampf angesagt werden soll: Menschen, die mit der U-Bahn fahren wollen, können sich aussuchen, ob sie für ihre Fahrkarte mit Geld bezahlen oder stattdessen 10 Kniebeugen machen wollen. So sollen die Menschen dazu bewegt werden, mehr Sport zu machen und etwas für ihre Gesundheit zu tun.

FAKT 106: WARUM DIE NASE BEIM WEINEN LÄUFT

Hast du dich schon einmal gefragt, warum deine Nase beim Weinen läuft? Das liegt daran, dass die Tränenflüssigkeit auch in die Nase läuft. Unsere Tränen werden in den sogenannten Tränendrüsen produziert, das sind mandelförmige Drüsen. Sie liegen rechts außen, oberhalb des Auges. Die Tränen, die dort produziert werden, fließen dann über die Hornhaut im Auge nach links unten über den Tränensack und schließlich durch den Tränennasengang in die Nase.

FAKT 107: DIE FUSSBALLMEISTERSCHAFT IM VATIKAN

Der Vatikan hat nur ungefähr 1000 Einwohner. Dennoch gibt es hier eine eigene Fußballmeisterschaft, bei der 16 Mannschaften gegeneinander antreten. Diese Meisterschaft heißt Clericus Cup, auf Deutsch Kleriker-Pokal. Mitspielen darf man nur, wenn man im Vatikan lebt und Priester, also Kleriker, ist. Die Regeln für den Fußball sind etwas abgewandelt: Ein Spiel besteht aus zwei Halbzeiten mit jeweils 30 Minuten. Außerdem gibt es nicht nur eine Gelbe und eine Rote Karte, sondern auch eine Blaue Karte: Diese bekommt man bei mittelschweren Vergehen. Sie führt zu einem Platzverweis für fünf Minuten. Man bekommt diese Karte zum Beispiel, wenn man schimpft oder jemanden beleidigt. Das Finale der Meisterschaft wird im Olympiastadion in Rom gespielt. Verrückt, dass so ein kleines Land so eine Meisterschaft auf die Beine stellt, oder?

FAKT 108: ES WURDE EINMAL EIN KRIEG WEGEN EINES FUSSBALLSPIELS GEFÜHRT

Hättest du das gedacht? Der sogenannte Fußballkrieg oder 100-Stunden-Krieg wurde 1969 zwischen den beiden Ländern Honduras und El Salvador geführt. Und das, weil es bei den Qualifikationsspielen zur Fußball-WM 1970 zu Ausschreitungen gekommen ist, bei denen Menschen gestorben sind.

FAKT 109: DER WELTREKORD IM LIMBO-TANZEN

Beim Limbo geht es darum, mit nach hinten gebeugten Rücken unter einer möglichst niedrig hängenden Stange durchzukommen, ohne diese zu berühren. Den Weltrekord darin hält seit 1987 Marlene Simons, und zwar mit einer unglaublich niedrigen Höhe von nur 16,5 Zentimetern. Würdest du das schaffen? Probiere es doch mal aus.

FAKT 110: WIE SCHNELL LA-OLA-WELLEN SIND

Wissenschaftler haben herausgefunden, dass eine La-Ola-Welle im Durchschnitt mit ca. 40 Kilometern pro Stunde durch ein Stadion rast. Und ... Los!

FAKT 111: DAS FIFA-REGELBUCH

Die offiziellen Fußballregeln werden vom internationalen Fußballverband, der FIFA, festgelegt. Tatsächlich gibt es insgesamt nur 17 offizielle Fußballregeln. Also ich hätte ja mit deutlich mehr Regeln gerechnet ...

Irre Leute – Rund um verrückte Erfinder, Promis und mehr

Es gibt jede Menge außergewöhnliche Menschen auf dieser Welt. Damit du über sie die wichtigsten und spannendsten Fakten kennenlernst, widmen wir den verrücktesten Erfindern, Forschern und allen anderen besonderen Menschen ein eigenes Kapitel. Sei gespannt!

FAKT 112: RETTUNGSWAGENFAHRER UND IHR JOB

Hättest du gedacht, dass die ersten Rettungswagenfahrer Leichenwagen gelenkt haben? Früher mussten häufig Menschen, die tot geglaubt waren, ins Krankenhaus gebracht werden, weil sie doch noch gelebt haben. Verrückt.

FAKT 113: DER ERFINDER DES IMPFSTOFFS

Hast du schon einmal von Edward Jenner gehört? Edward Jenner hat von 1749 bis 1823 gelebt und war ein englischer Arzt und Wissenschaftler, der dadurch berühmt geworden ist, dass er den weltweit ersten Impfstoff entwickelt hat. Sein Impfstoff hat gegen Pocken geholfen. Aber wie ist Edward Jenner auf die Idee gekommen, einen Impfstoff zu entwickeln? Jenner hat beobachtet, dass Milchmädchen in den allermeisten Fällen immun gegen Pocken waren. Das bedeutet, dass sie keine Pocken bekommen konnten. Er hat vermutet, dass die Milchmädchen ständig in Kontakt mit Pocken von Kühen gekommen sind und deswegen gegen die menschlichen Pocken abgehärtet worden waren. Dieses Prinzip hat er dann auf die Impfung übertragen.

FAKT 114: WER WAR DIE ERSTE ÄRZTIN?

Hast du dich schon einmal gefragt, wer die erste Ärztin auf der Welt war? Dann habe ich hier die Antwort für dich: Die erste Ärztin war Peseschet. Sie lebte im alten Ägypten, und zwar während der vierten Dynastie, die von 2.600 bis 2.500 vor Christus andauerte. Ob sie tatsächlich die allererste Ärztin war, ist ungewiss, sie ist aber die erste Ärztin, von der wir heute noch wissen. Sie wurde auch als „Vorsteherin der Ärztinnen“ bezeichnet und hatte zahlreiche Ehrentitel.

FAKT 115: ANGST IM DUNKELN

Kennst du Thomas Edison? Edison hat von 1847 bis 1931 in den USA gelebt und hat mit einer bestimmten Erfindung die Welt revolutioniert: Er hat die Glühlampe erfunden. Thomas Edison hatte aber tatsächlich Angst im Dunkeln! Umso besser, dass er sein eigenes Problem beseitigt hat, indem er es ermöglicht hat, dass es auf Knopfdruck hell werden kann.

FAKT 116: WER HAT DAS MINERALWASSER ERFUNDEN?

Vor allem im Sommer ist es besonders erfrischend, Wasser oder andere Getränke zu trinken, in denen Kohlensäure enthalten ist. Erfunden hat das Ganze der Engländer Joseph Priestley, der von 1733 bis 1804 gelebt hat. Er hat an Gasen geforscht und 1767 aus Versehen eine Methode entdeckt, mit der er kohlensäurehaltiges Wasser herstellen konnte. Ab 1781 begann die Herstellung von Getränken mit Kohlensäure im großen Maßstab. Die erste Fabrik, in der im großen Stil kohlensäurehaltige Erfrischungsgetränke produziert worden sind, wurde von Thomas Henry, einem Apotheker, gebaut.

FAKT 117: SCHÜCHTERNER ALBERT EINSTEIN

Albert Einstein ist einer der berühmtesten Personen des letzten Jahrhunderts. Er war ein bekannter und berühmter Physiker, der viele spannende und interessante Dinge herausgefunden hat. Seine Forschung hat die ganze Welt weitergebracht. Albert Einstein wurde 1879 in Ulm geboren und starb 1955 in den USA. Obwohl Einstein schon zu seinen Lebzeiten ein sehr bekannter Mann war, war er sehr schüchtern. Wenn ihn jemand auf der Straße angesprochen hat, dann hat er so getan, als wäre er gar nicht Albert Einstein.

FAKT 118: CHARLIE CHAPLIN ALS ORIGINAL

Charlie Chaplin hat von 1889 bis 1977 gelebt und war ein berühmter britischer Schauspieler, Komponist, Komiker und Filmemacher. Als ihm einmal langweilig war, hat er sich bei einem Charlie-Chaplin-Wettbewerb angemeldet, bei dem derjenige gewinnen sollte, der Charlie Chaplin am ähnlichsten war und ihn am besten nachmachen konnte. Er hat tatsächlich nur den 20. Platz dabei gewonnen. Sehr lustig, oder?

FAKT 119: WER HAT DAS WOCHENENDE ERFUNDEN?

Früher war es ganz normal, dass die Arbeiter maximal am Sonntag freihatten. Ansonsten musste an jedem Tag gearbeitet werden, was sehr anstrengend war. Der berühmte Autobauer Henry Ford hat tatsächlich das Wochenende erfunden, sodass Arbeiter am Samstag und am Sonntag freihaben. Henry Ford hat von 1863 bis 1947 in den USA gelebt und ist der Gründer der Automarke Ford. Der Sinn dahinter, dass die Arbeiter an zwei Tagen pro Woche hintereinander freihaben, war, dass sie mehr Zeit mit ihren eigenen Autos verbringen können.

FAKT 120: WIESO NUTELLA ERFUNDEN WURDE

Nutella wurde durch den italienischen Konditor Pietro Ferrero, der von 1898 bis 1949 gelebt hat, entwickelt. Weil während des Zweiten Weltkrieges kaum Kakao für die Schokoladenherstellung vorhanden war, entwickelte er

Nutella. Nutella besteht zu einem großen Teil aus Haselnüssen, die zu dieser Zeit deutlich leichter zu kaufen waren.

FAKT 121: WIESO SILVESTER SILVESTER HEIßT

Silvester, also der letzte Tag des Jahres, wurde Silvester genannt, weil der ehemalige Papst Silvester I. – der Erste – am 31.12.335 gestorben ist. So sollte er niemals in Vergessenheit geraten.

FAKT 122: VERRÜCKTER BANK-RÄUBER

Der US-Amerikaner Lawrence Ripple hat im Jahre 2016 eine Bank überfallen und wurde daraufhin verhaftet. Das Verrückte: Ripple hat das mit Absicht getan. Er wollte unbedingt verhaftet werden, weil er es zu Hause nicht mehr mit seiner Frau ausgehalten hat, ihm eine Scheidung aber zu teuer geworden wäre.

FAKT 123: WOLFGANG AMADEUS MOZART VERWENDET SCHIMPF-WÖRTER

Wolfgang Amadeus Mozart gilt noch heute als einer der größten und wichtigsten Komponisten aller Zeiten. Der Österreicher hat von 1756 bis 1791 gelebt und sehr viele Werke verfasst, die wir heute noch kennen und beeindruckend finden. Mozart hat aber – unvorstellbar, aber wahr – ein Lied verfasst, das „Leck mich im Arsch" heißt. Das Lied ist ein Kanon, also ein Werk mit einem sehr einfachen Text, der von sechs Personen zu leicht versetzten Zeiten gesungen wird. Geschrieben wurde das Lied 1782. Das hätten wir Mozart doch wirklich nicht zugetraut ...

FAKT 124: DIE ERFINDUNG DER BÜROKLAMMER

Du hast dir mit Sicherheit noch nie darüber Gedanken gemacht, warum die Büroklammer erfunden worden ist oder wer ihr Erfinder war. Umso besser, dass ich dir jetzt erkläre, was es damit auf sich hat. Die Büroklammer wurde von Samuel B. Fay 1867 in den USA erfunden. Ursprünglich hat Fay die Klammer erfunden, damit er Karten an Textilien anbringen kann.

Technologie und Internet – Die spannendsten Fakten rund um Technik und Co.

Mach dich bereit für das letzte Kapitel unserer Faktensammlung: Hier erwarten dich spannende, erstaunliche und lustige Fakten rund um Technologie und Internet.

FAKT 125: WO GIBT ES DAS SCHNELLSTE INTERNET?

Deutschland hat im Vergleich zu anderen Ländern nur ein sehr langsames Internet, und zwar liegen wir nur auf Platz 26 von allen Ländern. Das schnellste Internet gibt es in Südkorea, da ist es dreimal so schnell wie in Deutschland, und in Japan, wo es doppelt so schnell ist wie in Deutschland. Schade, oder?

Fakt 126: Mark Zuckerbergs Gehalt

Hast du dich schon einmal gefragt, wie viel Mark Zuckerberg, der Chef von Meta (ehemals Facebook), verdient? Tatsächlich zahlt er sich selbst nur einen einzigen Dollar Gehalt pro Jahr. Allerdings verarmt er natürlich nicht: Er ist einer der reichsten Menschen der Welt und hat bisher schon so viel Geld verdient, dass er es in seinem ganzen Leben nicht mehr ausgeben kann.

Fakt 127: Bluetooth und die Wikinger

Bluetooth kennst du mit Sicherheit: Diese Technologie ermöglicht es uns, Daten ganz unkompliziert ohne Kabel mit verschiedenen Geräten auszutauschen. „Bluetooth" bedeutet auf Deutsch „Blauzahn". Und es gab vor über tausend Jahren den Wikingerkönig Harald Blatand – Harald Blauzahn. Weil dieser König viele Völker vereint hat, erschien den Entwicklern von Bluetooth sein Name als ein guter Name für ihre neue Technologie. Und weil Bluetooth von den skandinavischen Konzernen Ericsson und Nokia entwickelt worden ist, passt der Bezug zu den Wikingern doch sehr gut, oder?

FAKT 128: DAS ERSTE VIDEO AUF YOUTUBE

Hast du dich schon einmal gefragt, welches Video das erste war, das man sich auf der Video-Plattform YouTube anschauen konnte? Tatsächlich war das das Video „Me at the Zoo" (auf Deutsch: Ich im Zoo), das vom YouTube-Gründer

Jawed Karim hochgeladen wurde. Und das schon am 23. April 2005. Das Video ist nur 18 Sekunden lang und zeigt Karim vor einem Elefantengehege im Zoo. Und – ganz besonders spannend: Das Video kannst du dir auch heute noch anschauen. Inzwischen hatte es sogar schon mehr als 226 Millionen Aufrufe und ist eines der am häufigsten angeschauten Videos auf YouTube.

FAKT 129: WARUM DIE ERSTE AMPEL KEINE ÜBERZEUGENDE TECHNIK HATTE

Die erste Ampel der Welt wurde 1868 in London gebaut. Damit man die roten und grünen Lichter auch in der Nacht sehen konnte, wurde sie mit Gas betrieben. Allerdings war die Technik nicht besonders ausgereift und die Ampel ist explodiert. Dabei wurde ein Polizist verletzt. Wegen dieses Vorfalles wurde die Ampel schnell wieder entfernt. Die nächste Ampel gab es dann in London erst 50 Jahre später. Übrigens: Zu diesem Zeitpunkt gab es noch keine Autos, stattdessen sollte mit der Ampel der Kutschverkehr kontrolliert werden.

FAKT 130: WAS WAR DIE TEUERSTE APP DER WELT?

Es gab lange Zeit die App „I Am Rich“ – auf Deutsch „Ich bin reich“ – die sage und schreibe 799 Euro gekostet hat und überhaupt nichts konnte. Sie hat einfach nur einen roten Diamanten gezeigt. Inzwischen kostet die App nur noch 9,99 Euro, weil es zu viele Beschwerden gab und die Kunden unzufrieden waren.

FAKT 131: FERNSEHEN IN BHUTAN

Hättest du gedacht, dass das letzte Land der Welt, in dem das Fernsehen eingeführt worden ist, Bhutan war? Tatsächlich kann man dort erst seit 1999 fernsehen. Die Regierung war davon überzeugt, dass Fernsehen schädlich für die Einwohner des Landes ist.

FAKT 132: STEUERERMITTLUNGEN MIT SATELLITEN

In Griechenland muss man Steuern darauf zahlen, wenn man einen Pool hat. Die griechischen Finanzbehörden haben sich deshalb überlegt, dass sie mit Satellitenbildern herausfinden können, wie viele Pools es wirklich gibt. In Athen waren zum Beispiel nur 324 Pools angemeldet, die Satellitenbilder haben jedoch 16.874 Pools aufgespürt.

FAKT 133: DIE ERSTE E-MAIL

Die erste E-Mail wurde schon im Jahr 1971 verschickt, und zwar vom Erfinder der E-Mail – Ray Tomlinson. Er hat die E-Mail an sich selbst geschickt, und zwar mit seiner E-Mail-Adresse tomlinson@bbntenexa.

FAKT 134: DIE KÜRZESTE ZEITSPANNE

Wusstest du schon, dass die kürzeste je gemessene Zeitspanne 100 Attosekunden waren?
Eine Attosekunde ist unfassbar kurz, und zwar ist das weniger als eine Sekunde – mit 17 Nullen hinter dem Komma! Also 0,000000000000000001 Sekunden.

FAKT 135: DAS ERSTE TELEFONKABEL UNTER DEM ATLANTIK

Das erste Telefonkabel, das quer durch den ganzen Atlantik ging, wurde im Jahre 1956 eingeweiht. Seitdem sind direkte Telefongespräche zwischen Nordamerika und Europa möglich. 1956 konnten 36 Telefongespräche gleichzeitig über das Kabel geführt werden. Das Kabel hat Schottland mit

Kanada verbunden und war 3.600 Kilometer lang. Es bestand aus Kupferdraht und wurde „TAT-1“ genannt. Die Kosten für die Verlegung des Kabels haben 50 Millionen Dollar gekostet.

FAKT 136: VORWAHL 007

Wer an 007 denkt, der denkt mit hoher Wahrscheinlichkeit an den berühmten Agenten James Bond, der die Nummer 007 als Erkennungszeichen hat. 007 ist jedoch auch die internationale Vorwahl von Russland. Wenn du also jemanden in Russland anrufen möchtest, dann musst du die 007 vorweg wählen.

FAKT 137: DER QR-CODE STAMMT AUS DER AUTOMOBILINDUSTRIE

Hättest du gedacht, dass es QR-Codes schon seit 1994 gibt? Tatsächlich wurden diese zweidimensionalen Barcodes für die japanische Autoindustrie entwickelt. Seitdem haben sie ihren Siegeszug um die ganze Welt angetreten. In QR-Codes lassen sich viel mehr Informationen unterbringen als in den klassischen Barcodes.

FAKT 138: WAS WAR DAS ERSTE HANDY?

Viele Menschen denken, dass das erste Handy vor ungefähr 30 Jahren erfunden wurde. Dabei wurde das erste mobile Telefon schon 1926 erfunden – bei der Deutschen Reichsbahn in Berlin. Dort gab es in den Zügen mobile Funktelefone auf der Strecke zwischen Hamburg und Berlin. Ab 1927 wurden bereits Gesprächsverbindungen über Funk zwischen Europa und den USA ermöglicht. Das war aber sehr teuer und auch besonders anfällig für Störungen und Fehler.

FAKT 139: DER GROßTEIL DES INTERNETS IST NICHT MENSCHLICH

Hättest du gedacht, dass der größte Teil aller Bewegungen und Abläufe im Internet gar nicht von Menschen gemacht ist? 51 %, also mehr als die Hälfte aller Abläufe, werden von Bots und Schadprogrammen durchgeführt. Das sind Programme, die geschrieben worden sind, um Daten zu stehlen und anderen Menschen und Computern Schaden zuzufügen.

FAKT 140: ANGST VOR COMPUTERN

Es gibt jede Menge verrückte Krankheiten. Einige hast du bereits kennengelernt. Es gibt auch welche, die mit Technik zu tun haben. Hättest du gewusst, dass es eine Krankheit namens Technophobia gibt? Menschen mit dieser Krankheit haben Angst vor Technik. Nomophobia bedeutet, dass jemand Angst hat, ohne sein Handy zu sein, und Cyberphobia, dass jemand Angst vor Computern hat. Was es nicht alles gibt ...

FAKT 141: DER SUPERCOMPUTER UND DER ZAUBERWÜRFEL

Kennst du Zauberwürfel? Das sind die Spielzeugwürfel, die du immer neu zusammensetzen und drehen musst, bis auf jeder Seite nur noch eine Farbe vorhanden ist. 2010 hat ein Supercomputer von Google, das ist ein Computer, der besonders schlau ist, herausgefunden, dass jeder Zauberwürfel in 20 Zügen oder sogar noch weniger Zügen gelöst werden kann, wenn man nur klug genug dafür ist. Das sind die allerwenigsten – oder würdest du das hinbekommen? Der Computer hat auch herausgefunden, dass ein Zauberwürfel 43.252.003.274.489.856.000 verschiedene Kombinationen haben kann.

FAKT 142: WAS WAR DIE ERSTE FERNSEHSENDUNG DER WELT?

Tatsächlich ist die erste Fernsehsendung der Welt schon fast 100 Jahre her. Im Jahr 1925 wurde eine Sendung über eine Bauchrednerpuppe ausgestrahlt. Die Puppe wurde vom Schotten John Logie Baird bewegt. Diese Fernsehsendung hat nur fünf Bilder pro Sekunde gesendet, was aus unserer heutigen Perspektive absolut veraltet ist. Damals war das aber ein wirkliches Wunder der Technik.

FAKT 143: WAS NINTENDO HERGESTELLT HAT

Du kennst bestimmt Nintendo, die Firma, die jede Menge Spielkonsolen und Zubehör herstellt. Nintendo kommt aus Japan – und war ursprünglich Verkäufer von Spielkarten. Erst in den 1960er-Jahren hat Nintendo damit begonnen, Spielzeug herzustellen, und noch einmal zehn Jahre später dann Videospiele.

FAKT 144: WIE LANGE WIR IM LEBEN FERNSEHEN SCHAUEN

Rate doch mal, wie viel Zeit wir im Schnitt während unseres ganzen Lebens damit verbringen, Fernsehen zu schauen. Ich habe die Antwort für dich: Sage und schreibe 10 Jahre! Das ist wirklich eine ganze Menge. Seit es Streaminganbieter wie Netflix und Disney Plus gibt, nimmt diese Zahl sogar immer weiter zu.

FAKT 145: TECHNOLOGISCHE VORNAMEN

Apples Spracherkennungssoftware Siri wurde 2011 entwickelt und veröffentlicht. Im Jahre 2012 wurden zahlreiche Mädchen Siri genannt. Ob es da wohl einen Zusammenhang gibt? Übrigens: Seit es Alexa gibt, werden deutlich weniger Mädchen als vorher Alexa genannt.

FAKT 146: BITTE LÄCHELN!

Wenn wir heute Fotos machen wollen, dann zücken wir das Smartphone und machen schnell einen Schnappschuss. Die erste Kamera hat jedoch acht Stunden gebraucht, um ein Foto aufzunehmen. Das war im 19. Jahrhundert. Hättest du so lange stillstehen können?

FAKT 147: DAS HÄUFIGSTE PASSWORT

Das häufigste Passwort ist 123456. Bitte verwende du es nicht, sonst können andere Menschen schneller deine Daten abgreifen. Es ist außerdem sehr wichtig, dass du für jedes Programm und jede Webseite ein anderes Passwort verwendest, das ist viel sicherer.

Fakt 148: Riesige PDF-Dokumente

Du kennst mit Sicherheit PDF-Dokumente. Das sind Dokumente, in denen du nichts mehr verändern kannst und die sich besonders gut zum Verschicken eignen. Eine Seite in einem PDF-Dokument darf maximal 145.161 km² betragen. Verrückt, oder? Ich wüsste gar nicht, wie ich so eine große Seite voll bekommen könnte.

Fakt 149: Das längste Lied der Welt

Hättest du gedacht, dass das längste Lied der Welt durch einen Computer geschaffen worden ist? Es dauert tatsächlich 1000 Jahre, das Lied einmal abzuspielen. Gespielt wird das Lied seit dem 1. Januar 2000 online.

Fakt 150: Die Liebe und das Internet

Wusstest du schon, dass sich mindestens eines von acht Paaren, das heute heiratet, im Internet kennengelernt hat? Verrückt, oder?

Quiz

Ich habe hier noch etwas ganz Besonderes für dich vorbereitet: Ein Quiz, mit dem du selbst herausfinden kannst, was du in diesem Buch gelernt hast.

Du kannst diese 30 Fragen natürlich auch deinen Freunden stellen und sie so mit deinem Wissen beeindrucken.

Aber Achtung: Nicht schummeln! Die Lösungen stehen zwar auch hier, aber du darfst vorher nicht schauen.

1. Wie lang genau ist ein Marathon-Lauf?

    a. 23,154 Kilometer

    b. 42,195 Kilometer

    c. 35,163 Kilometer

2. Wie viele Wirbel können Schlangen haben?

    a. Mehr als 400

    b. Mehr als 600

    c. Mehr als 500

3. Was ist das größte Organ des menschlichen Körpers?
    a. Die Lunge
    b. Die Haut
    c. Der Darm

4. Babys werden mit dieser körperlichen Besonderheit geboren:
    a. Einem Loch im Kopf, der Fontanelle, das im ersten Lebensjahr zuwächst.
    b. Einem Loch im Bauch, der Brontanelle, das im ersten Lebensjahr zuwächst.
    c. An jedem Fuß sechs Zehen, von denen einer während des ersten Lebensjahres abfällt.

5. Das größte Lebewesen dieser Erde ist ...
    a. ein gewaltiger Wal.
    b. ein riesiger Baum.
    c. ein gigantischer Pilz.

6. Wie viele Jahre unseres Lebens verbringen wir im Durchschnitt mit Blinzeln?
   a. 3 Jahre
   b. 7 Jahre
   c. 5 Jahre

7. Wie weit sind die USA und Russland an der Stelle voneinander entfernt, an der sie sich am nächsten sind?
   a. 4 Kilometer
   b. 5 Kilometer
   c. 17 Kilometer

8. Welcher See ist der tiefste der Welt?
   a. Der Baikalsee
   b. Der Aralsee
   c. Der Bodensee

9. In welchem See gibt es das klarste Wasser auf der ganzen Welt?

  a. Im Blue Lake in Neuseeland
  b. Im Green Lake in Kanada
  c. Im White Lake in Schottland

10. Wie hieß die erste Ärztin?

  a. Kleopatra
  b. Peseschet
  c. Walhalla

11. Wie heißen die drei Gehörknöchelchen?

  a. Hand, Fuß und Auge
  b. Knospe, Blüte und Blatt
  c. Hammer, Amboss und Steigbügel

12. Was können Wickelbären komplett eindrehen?

  a. Ihre Pfoten
  b. Ihre Füße
  c. Ihre Ohren

13. Wie lang kann die Zunge eines Chamäleons werden?

   a. Genauso lang wie sein Körper
   b. Halb so lang wie sein Körper
   c. Doppelt so lang wie sein Körper

14. Wie weit kann eine bestimmte Schlange maximal fliegen?

   a. 100 Meter
   b. Schlangen können nicht fliegen
   c. 10 Meter

15. Wer hatte Angst im Dunkeln?

   a. Der Erfinder des Feuerzeugs
   b. Der Erfinder der Glühlampe
   c. Der Erfinder der Taschenlampe

16. Wie heißt die Fußballmeisterschaft im Vatikan?

   a. Clericus Cup
   b. Papst Cup
   c. Jesus Cup

17. Wie viele Kalorien verbrennt man, wenn man sich eine Stunde lang küsst?

    a. So viele, wie eine Tafel Schokolade hat.
    b. So viele, wie eine Kugel Eis hat.
    c. So viele, wie eine große Pizza hat.

18. Warum wurde Nutella erfunden?

    a. Weil im Zweiten Weltkrieg Schokolade nur sehr schwer herzustellen war.
    b. Weil es so gesund ist.
    c. Weil der König von Bayern es sich so gewünscht hat.

19. Warum hat ein Mann 2016 in den USA einen Banküberfall geplant und sich mit Absicht verhaften lassen?

    a. Weil er keine Lust mehr auf seine Frau hatte.
    b. Weil er schon immer mal wissen wollte, wie es im Gefängnis ist.
    c. Weil sein bester Freund auch im Gefängnis war.

20. Warum sind Seesterne so besonders?

a. Sie können ihre Farbe wechseln.

b. Sie können schrumpfen, wenn Gefahr droht.

c. Wenn ihnen ein Arm abfällt, wächst er neu nach.

21. Wie viel Prozent der Menschen sind Linkshänder?

a. 20 %

b. 11 %

c. 5 %

22. Wie lange hat der langsamste Marathon der Welt gedauert?

a. 45 Jahre, 3 Monate, 4 Tage 57 Minuten und 35,6 Sekunden

b. 11 Jahre, 7 Monate, 5 Tage, 31 Minuten und 2,4 Sekunden

c. 54 Jahre, 8 Monate, 6 Tage, 32 Minuten und 20,3 Sekunden

23. Wer hat den ersten Impfstoff der Welt erfunden?

   a. Edward Jenner
   b. Bruce Jenner
   c. Kylie Jenner

24. Wie oft blinzelt ungefähr ein menschliches Auge pro Minute?

   a. 30-mal
   b. 20-mal
   c. 15-mal

25. Wie viele Liter Blut filtern die menschlichen Nieren pro Tag?

   a. Ca. 1800 Liter
   b. Ca. 1500 Liter
   c. Ca. 2000 Liter

26. Wie lange wachsen die Fingernägel eines Menschen durchschnittlich während seines gesamten Lebens?

a. 15 Meter
b. 25 Meter
c. 5 Meter

27. Wer hat das Mineralwasser erfunden?

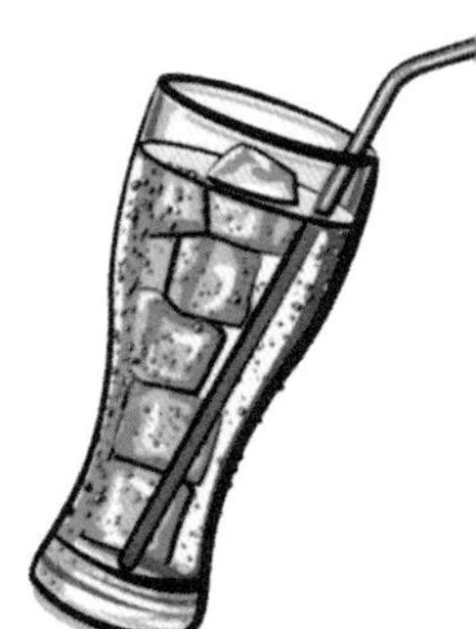

a. Thomas Greenberg
b. Jane Britley
c. Joseph Priestley

28. Wie viele Hautzellen verliert ein durchschnittlicher Mensch pro Jahr?

a. Bis zu 2 Kilogramm
b. Bis zu 1 Kilogramm
c. Bis zu 3 Kilogramm

29. Warum sind Katzen Haustiere geworden?

   a. Weil es beim Menschen immer genug Futter gibt.
   b. Weil der Mensch die Katze erzogen hat.
   c. Weil Katzen den Geruch von Menschen so gern mögen.

30. Was ist das Besondere an den Hinterlassenschaften von Wombats?

   a. Sie sind würfelförmig.
   b. Sie riechen nach Rosen.
   c. Sie sind lila.

Lösungen:

1. b)
2. a)
3. b)
4. a)
5. c)
6. c)
7. a)
8. a)
9. a)
10. b)
11. c)
12. b)
13. c)
14. a)
15. b)
16. a)
17. c)
18. a)
19. a)
20. c)
21. b)
22. c)
23. a)
24. b)
25. a)
26. b)
27. c)
28. c)
29. a)
30. a)

Wenn du mehr als 25 Fragen richtig beantwortet hast: Herzlichen Glückwunsch, du bist ein Wissens-Champion!

Wenn du mehr als 20 Fragen richtig beantwortet hast: Klasse gemacht! Nächstes Mal wirst du der Champion.

Wenn du mehr als 15 Fragen richtig beantwortet hast: Das war schon ganz gut. Lies dir die Fakten am besten noch einmal durch.

Wenn du weniger als 15 Fragen richtig beantwortet hast: Da ist noch etwas Luft nach oben. Aber keine Sorge: Du kannst jederzeit im Buch nachschlagen, wenn du etwas wissen möchtest.

Schlusswort

Ich hoffe, dass dir dieses Buch gefallen hat und du nun viele spannende Fakten kennst, mit denen du deine Freunde beeindrucken kannst. Vielleicht hast du auch ein Thema gefunden, das dir besonders gut gefällt, und mit dem du dich in Zukunft weiter beschäftigen möchtest.

Schreib doch mal die fünf Fakten auf, die dir am besten gefallen haben!

Wenn du magst, kannst du das Buch gern weiterempfehlen. Es ist auch immer wieder eine tolle Geschenkidee, zum Beispiel für die Geburtstage deiner Freunde.

Quellen

- 10 Fakten aus der Medizin mit Unterhaltungswert. (2022, 2. Mai). Operation Karriere. Abgerufen am 6. Mai 2022, von https://www.operation-karriere.de/karriereweg/medizinstudium/10-fakten-aus-der-medizin-mit-unterhaltungswert.html
- 25 richtig witzige, richtig wahre Tier-Fakten. (2021, 17. April). Buzzfeed. Abgerufen am 6. Mai 2022, von https://www.buzzfeed.de/buzz/25-witzige-tier-fakten-die-falsch-klingen-aber-absolut-wahr-sind-90141040.html
- 26 Geschichts-Fakten, die unglaublich klingen, aber wahr sind. (2021, 2. Juni). Buzzfeed. Abgerufen am 6. Mai 2022, von https://www.buzzfeed.de/buzz/26-geschichts-fakten-die-unglaublich-klingen-aber-wahr-sind-90135820.html
- 68 Fakten über das Weltall – das musst du gesehen haben. (2020, 22. August). bluemind.tv. Abgerufen am 6. Mai 2022, von https://www.bluemind.tv/spezial/bluefacts/weltall-fakten-027246/
- (2020a, April 14). Sportliche Exoten: 10 verrückte Weltrekorde. 20 Minuten. Abgerufen am 6. Mai 2022, von https://www.20min.ch/story/10-verrueckte-weltrekorde-239081723562
- Altmeyer, P. & Paech, V. (2011). Enzyklopadie Dermatologie, Allergologie, Umweltmedizin (2. überarbeitet Aufl., Bd. 2) [E-Book]. Springer.
- AOK Redaktion. (2020, 30. Oktober). Jolinchens coole Körperfakten. AOK - Die Gesundheitskasse. Abgerufen am 6. Mai 2022, von https://www.aok.de/pk/magazin/familie/jolinchen/jolinchens-coole-koerperfakten/

• Artinger, D. (2019, 16. Juli). 13 unglaubliche Fakten über Menschen. Codepalm. Abgerufen am 6. Mai 2022, von https://www.codepalm.de/post/111-der-interessantesten-technik-fun-facts/13-unglaubliche-fakten-ueber-menschen/

• Bhutan - Österreichische Forschungsstiftung für Internationale Entwicklung. (o. D.). ÖFSE. Abgerufen am 6. Mai 2022, von https://www.oefse.at/infoservice/laenderinformationen/bhutan/

• Bruno, C. (2017, 15. August). Unnützes Wissen: 20 spannende und verrückte Fakten aus der Tech-Welt. GIGA. Abgerufen am 6. Mai 2022, von https://www.giga.de/unternehmen/apple/gallery/unnuetzes-technikwissen-20-fakten-die-du-noch-nicht-kanntest/#page-15

• Burri, E. (2017, 27. Mai). 25 verblüffende Fakten über unseren Körper, die du vermutlich noch nicht kennst. watson.ch. Abgerufen am 6. Mai 2022, von https://www.watson.ch/wissen/best%20of%20watson/731036370-25-verblueffende-fakten-ueber-unseren-koerper-die-du-vermutlich-noch-nicht-kennst

• Deller, T., Kummer, W. & Welsch, U. (2015). Sobotta Lehrbuch Histologie [E-Book]. Urban & Fischer.

• Drake, N. (2017, 6. Dezember). Der Planet, den wir unser Zuhause nennen, ist noch bizarrer, als man vielleicht denkt. National Geographic. Abgerufen am 6. Mai 2022, von https://www.nationalgeographic.de/wissenschaft/10-seltsame-fakten-ueber-die-erde-die-ihr-vermutlich-noch-nicht-kennt

• Eichler, L. (2013). System und Selbst: Arbeit und Subjektivität im Zeitalter ihrer strategischen Anerkennung (Sozialtheorie) (1., Aufl.) [E-Book]. Transcript.

• El Salvador. (2022, 20. April). In Wikipedia. https://de.wikipedia.org/wiki/El_Salvador

• Fakten. (o. D.-a). Interessante Fakten. Abgerufen am 6. Mai 2022, von https://interessante-fakten.de/Medizin/

• Fakten. (o. D.-b). Interessante Fakten. Abgerufen am 6. Mai 2022, von https://interessante-fakten.de/1385/Erfinder-des-Mineralwassers.html

• Fakten. (o. D.-c). Interessante Fakten. Abgerufen am 6. Mai 2022, von https://interessante-fakten.de/Geschichte/20.html

• Fakten. (o. D.-d). Interessante Fakten. Abgerufen am 6. Mai 2022, von https://interessante-fakten.de/3305/Arm-der-Freiheitsstatue.html

• Fakten. (o. D.-e). Interessante Fakten. Abgerufen am 6. Mai 2022, von https://interessante-fakten.de/2869/Lebenserwartung-1900.html

• Fakten. (o. D.-f). Interessante Fakten. Abgerufen am 6. Mai 2022, von https://interessante-fakten.de/1234/Weiblicher-Pharao.html

• Fakten. (o. D.-g). Interessante Fakten. Abgerufen am 6. Mai 2022, von https://interessante-fakten.de/3728/Farbe-812285.html

• Fakten. (o. D.-h). Interessante Fakten. Abgerufen am 6. Mai 2022, von https://interessante-fakten.de/3484/Transatlantische-Fernsprechkabel.html

• Fakten. (o. D.-i). Interessante Fakten. Abgerufen am 6. Mai 2022, von https://interessante-fakten.de/274/QR-Code.html

• Fakten. (o. D.-j). Interessante Fakten. Abgerufen am 6. Mai 2022, von https://interessante-fakten.de/2783/Erfindung-der-Bueroklammer.html

• Fußballfieber: Vatikan startet Klerus-Pokal. (2013, 13. November). FOCUS Online. Abgerufen am 6. Mai 2022, von https://www.focus.de/sport/fussball/vatikan-startet-klerus-pokal-fussballfieber_id_1776009.html

• Fußballkrieg. (2022, 23. April). In Wikipedia. https://de.wikipedia.org/wiki/Fu%C3%9Fballkrieg

• geo.de. (2021a, Oktober 6). Regen: Fünf Fakten zum Niederschlag. geolino.de. Abgerufen am 6. Mai 2022, von https://www.geo.de/geolino/natur-und-umwelt/14935-rtkl-gib-mir-fuenf-fuenfmal-staunen-ueber-regen

• geo.de. (2021b, Oktober 6). Wetter: Fünf erstaunliche Fakten über Wolken. geolino.de. Abgerufen am 6. Mai 2022, von https://www.geo.de/geolino/natur-und-umwelt/22015-rtkl-wetter-fuenf-erstaunliche-fakten-ueber-wolken

• Goldfinger, A. (2007, November). Strahleninduzierte Hautveränderungen – Ein neues Gebiet für die Pharmazeutische Betreuung. Pharmazeutische Zeitung. Abgerufen am 6. Mai 2022, von https://www.staff.uni-mainz.de/goldinge/Strahlenpatienten.pdf

• Guatemala. (2022, 24. April). In Wikipedia. https://de.wikipedia.org/wiki/Guatemala

• Guinness World Records Ltd., der Avoort, V. B., Heinzius, C., Salevsky, N., Schulz, P. & Winkler, D. (2021). Guinness World Records 2022: Deutschsprachige Ausgabe (1. Aufl.) [E-Book]. Ravensburger Verlag GmbH.

• Haiti. (2022, 13. April). In Wikipedia. https://de.wikipedia.org/wiki/Haiti

• Hayden, A. (2015). Bhutan: Blazing a Trail to a Postgrowth Future? Or Stepping on the Treadmill of Production? The Journal of Environment & Development, 24(2), 161–186. https://doi.org/10.1177/1070496515579199

• Import, M. (2018, 9. November). Rätsel um das "Horn" des Narwals gelöst. scinexx | Das Wissensmagazin. Abgerufen am 6. Mai 2022, von https://www.scinexx.de/news/biowissen/raetsel-um-das-horn-des-narwals-geloest/

• Junker, R. (2022, 17. März). ≡ Merkwürdiges Wissen + Witzige, Verrückte, Kuriose Fakten. Taschenhirn. Abgerufen am 6. Mai 2022, von https://www.taschenhirn.de/aktuelles-allgemeinwissen/verblueffende-tatsachen/

• Jürgensen, A. (2021, 7. Juni). Frauen beim Marathon - die Geschichte. Runster. Abgerufen am 6. Mai 2022, von https://www.runster.de/blogs/stories/frauen-beim-marathon-die-geschichte

- Knight, P. (2003). Conspiracy Theories in American History: An Encyclopedia (New Aufl., Bd. 1) [E-Book]. ABC CLIO.
- Krüger, A. (2018). Linkshänder. Leistungssport, 48(5), p. 29.
- Kummer, J. (o. D.). Nicht so wichtig: Geographie. Juergen Kummer. Abgerufen am 6. Mai 2022, von https://jumk.de/nicht-so-wichtig/geographie.php
- Laterza, O. F., Price, C. P. & Scott, M. G. (2002). Cystatin C: An Improved Estimator of Glomerular Filtration Rate? Clinical Chemistry, 48(5), 699–707. https://doi.org/10.1093/clinchem/48.5.699
- Leck mich im Arsch. (2021, 21. Dezember). In Wikipedia. https://de.m.wikipedia.org/wiki/Leck_mich_im_Arsch
- Liberti, S. (2020, 9. Januar). Das Haselnuss-Imperium. Le monde diplomatique. Abgerufen am 6. Mai 2022, von https://monde-diplomatique.de/artikel/!5653035
- Liechtenstein. (2022, 22. April). In Wikipedia. https://de.wikipedia.org/wiki/Liechtenstein
- Ludwig XIV. (2022, 13. Februar). In Wikipedia. https://de.wikipedia.org/wiki/Ludwig_XIV
- Mengler, W. (2010). Musizieren mit links: Linkshändiges Instrumentalspiel in Theorie und Praxis (Studienbuch Musik) [E-Book]. SCHOTT MUSIC GmbH & Co KG, Mainz.
- Merkur (Planet). (2022, 3. April). In Wikipedia. https://de.wikipedia.org/wiki/Merkur_(Planet)
- Mittelbayerische Zeitung. (o. D.). Verblüffende Fakten über das Wetter. Abgerufen am 6. Mai 2022, von https://www.mittelbayerische.de/fotos/bilderstrecken/panorama/verblueffende_fakten_ueber_das-22068-gal13531.html

• Müller-Meiningen, J. (2011, 11. Mai). ZEIT ONLINE | Lesen Sie zeit.de mit Werbung oder im PUR-Abo. Sie haben die Wahl. Zeit Online. Abgerufen am 6. Mai 2022, von https://www.zeit.de/zustimmung?url=https%3A%2F%2Fwww.zeit.de%2Fsport%2F2011-05%2Fclericus-cup-vatikan-wm-kirche

• Mussap, M. & Plebani, M. (2004). Biochemistry and Clinical Role of Human Cystatin C. Critical Reviews in Clinical Laboratory Sciences, 41(5–6), 467–550. https://doi.org/10.1080/10408360490504934

• Neptun (Planet). (2007, 13. November). In Wikipedia. https://de.wikipedia.org/wiki/Neptun_(Planet)

• oe24.at. (2012, 23. März). Das sind 10 kurioseste Fakten der Medizin. Madonna. Abgerufen am 6. Mai 2022, von https://madonna.oe24.at/gesund/das-sind-10-kurioseste-fakten-der-medizin/60551008

• Pausch, S. (2015, 7. September). Clericus Cup: Eine Fußball-Weltmeisterschaft im Garten des Papstes. DIE WELT. Abgerufen am 6. Mai 2022, von https://www.welt.de/sport/fussball/article114509812/Eine-Fussball-Weltmeisterschaft-im-Garten-des-Papstes.html

• Peix, F. (2016, 23. Mai). Unnützes Wissen: 22 lustig-skurrile Fakten aus der Tech-Welt. Turn-on. Abgerufen am 6. Mai 2022, von https://www.turn-on.de/article/unnuetzes-wissen-lustig-skurrile-fakten-aus-der-tech-welt-75473

• Professional, C. (o. D.). 36 interessante Fakten zu Internet & Technik. com! - Das Computer-Magazin. Abgerufen am 6. Mai 2022, von https://www.com-magazin.de/bilderstrecke/36-interessante-fakten-zu-internet-technik-482764.html?page=3

• R. (2020b, Februar 16). 161 verrückte historische Fakten. Only Fun Facts. Abgerufen am 6. Mai 2022, von https://onlyfunfacts.com/de/fakten/historische-fakten/

• R. (2020c, Juni 18). 15 skurrile Fakten Ã¼ber Tiere. brigitte.de. Abgerufen am 6. Mai 2022, von https://www.brigitte.de/leben/wohnen/tiere/unnuetzes-wissen--15-skurrile-fakten-ueber-tiere_10390598-10391962.html

• R. (2021, 7. März). 49 Sport Fakten – Nr. 26 ist wirklich unglaublich. Only Fun Facts. Abgerufen am 6. Mai 2022, von https://onlyfunfacts.com/de/fakten/sport-fakten/

• Raymann, F. (2019, 7. Januar). Das Handy ist 90 Jahre alt – nicht erst 20. Swisscom Magazin. Abgerufen am 6. Mai 2022, von https://www.swisscom.ch/de/magazin/digitalisierung-im-alltag/das-handy-ist-90-jahre-alt-nicht-erst-20/

• Rp, S. (2021, 22. Juni). Unnützes Urlaubswissen über das Weltall. swr.online. Abgerufen am 6. Mai 2022, von https://www.swr.de/swr1/rp/unnuetzes-urlaubswissen-weltall-100.html

• Rucker, S. (2022, 15. April). Fun Facts. A wie Atlas. Abgerufen am 6. Mai 2022, von https://awieatlas.de/fun-facts/

• Schaps, K. W., Kessler, O., Fetzner, U., Vogeler, F., Barreiro-Cotón, S., Gottschalk, K. & Wilhelm-Buchstab, T. (2007). Das Zweite - kompakt: Dermatologie, Augenheilkunde, HNO (Springer-Lehrbuch) (2007. Aufl.). Springer.

• Skovrind, M., Castruita, J. A. S., Haile, J., Treadaway, E. C., Gopalakrishnan, S., Westbury, M. V., Heide-Jørgensen, M. P., Szpak, P. & Lorenzen, E. D. (2019). Hybridization between two high Arctic cetaceans confirmed by genomic analysis. Scientific Reports, 9(1). https://doi.org/10.1038/s41598-019-44038-0

• So sieht's aus. - Unnützes Wissen: Sport. (2014, 22. Oktober). www.kabeleins.de. Abgerufen am 6. Mai 2022, von https://www.kabeleins.de/sosiehtsaus/unnuetzes-wissen/unnuetzes-wissen-sport

• So sieht's aus. - Unnützes Wissen: Technik. (2014, 17. September). www.kabeleins.de. Abgerufen am 6. Mai 2022, von https://www.kabeleins.de/sosiehtsaus/unnuetzes-wissen/unnuetzes-wissen-technik

• Sonnensystem. (2022, 19. April). In Wikipedia. https://de.wikipedia.org/wiki/Sonnensystem

• Statista. (2021, 16. November). Anzahl der Haare an verschiedenen Körperstellen. Abgerufen am 6. Mai 2022, von https://de.statista.com/statistik/daten/studie/1754/umfrage/anzahl-der-haare-an-verschiedenen-koerperstellen/

• Tiermedizinportal, R. (2022, 4. Februar). 13 unnütze Informationen über Tiere. Tiermedizinportal.de. Abgerufen am 6. Mai 2022, von https://www.tiermedizinportal.de/magazin/13-unnutze-informationen-uber-tiere

• Ungewöhnliche Fakten über einige der berühmtesten Menschen aller Zeiten - Geschichten. (o. D.). ALRM. Abgerufen am 6. Mai 2022, von https://de.alrm.pt/unusual-facts-about-some-most-famous-people-all-time

• University Of The West Indies (Saint Augustine, T. T. I. S. E. R. (1984). The Social and Economic Impact of Carnival [E-Book]. Amsterdam University Press.

• Unnützes Wissen | 33 Fakten zum Angeben. (o. D.). Perspektiven Finden. Abgerufen am 6. Mai 2022, von https://www.perspektiven-finden.com/tipps/unnuetzes-sinnloses-wissen

• Verlages, D. P. D. (2017). Pschyrembel Klinisches Wörterbuch (267th updated edition) [E-Book]. De Gruyter.

• Wehrle, F. (2020, 15. Dezember). Fun Facts zu Weltraumforschung und -nutzung. Die Debatte. Abgerufen am 6. Mai 2022, von https://www.die-debatte.org/weltraumnutzung-fun-facts/

- Das Weiße Haus. (2020, 30. Dezember). Kabeleins. Abgerufen am 6. Mai 2022, von https://www.kabeleinsdoku.de/themen/laender-und-entdecker/das-weisse-haus
- Winer, L. (2009). Dictionary of the English/Creole of Trinidad & Tobago: On Historical Principles (Bilingual Aufl.) [E-Book]. McGill-Queen's University Press.
- Wusstest du, dass weiße Haie Death-Metal-Fans sind? (2021, 12. Juli). UNICUM. Abgerufen am 6. Mai 2022, von https://www.unicum.de/de/entertainment/studibuzz/unnuetzes-sinnloses-wissen
- Zetkin, M., Schaldach, H. & David, H. (1999). Wörterbuch der Medizin [E-Book]. Urban & Fischer, Mchn.

Wir danken Ihnen für Ihr Interesse und Ihr Vertrauen. Als Dankeschön dafür, haben wir eine besondere Überraschung. Wir haben **Die 100 lustigsten Kinderwitze** für Sie. Und dieses erhalten Sie vollkommen kostenlos. Das klingt wunderbar? Dann warten Sie nicht lange und holen Sie sich Ihr Gratis-Geschenk.

Hier geht es zu Ihrem Gratis-Geschenk:

https://forms.gle/dEpiAgYQupUJzW7Z9

1. **Öffnen Sie die Kamera-App auf Ihrem Smartphone und richten Sie die Kamera auf den QR-Code.**
2. **Klicken Sie auf den Link, der Ihnen angezeigt wird und schon werden Sie zur Website weitergeleitet.**

Impressum

Herausgeber: Pegoa Global Media GmbH / Am Sandtorkai 27 / 20457 Hamburg
Kontakt: kontakt@pegoamedia.de
Coverbild: Shutterstock

Haftungsausschluss:
Die Nutzung dieses Buches und die Umsetzung der enthaltenen Informationen, Anleitungen und Strategien erfolgt auf eigenes Risiko. Der Autor kann für etwaige Schäden jeglicher Art aus keinem Rechtsgrund eine Haftung übernehmen. Haftungsansprüche gegen den Autor für Schäden materieller oder ideeller Art, die durch die Nutzung oder Nichtnutzung der Informationen bzw. durch die Nutzung fehlerhafter und/oder unvollständiger Informationen verursacht wurden, sind grundsätzlich ausgeschlossen. Rechts- und Schadenersatzansprüche sind daher ausgeschlossen. Dieses Werk wurde sorgfältig erarbeitet und niedergeschrieben. Der Autor übernimmt jedoch keinerlei Gewähr für die Aktualität, Vollständigkeit und Qualität der Informationen. Druckfehler und Falschinformationen können nicht vollständig ausgeschlossen werden. Es kann keine juristische Verantwortung sowie Haftung in irgendeiner Form für fehlerhafte Angaben vom Autor übernommen werden. Die bereitgestellten Analysen, Vorschläge, Ideen, Meinungen, Kommentare und Texte sind ausschließlich zur Information bestimmt und können ein individuelles Beratungsgespräch nicht ersetzen. Alle Informationen dieses Buches entsprechen dem Kenntnisstand zum Zeitpunkt des Verfassens dieses Buches. Eine Haftung für mittelbare und unmittelbare Folgen aus den Informationen dieses Buches ist somit ausgeschlossen.
Informieren Sie sich weitläufig aus unterschiedlichen Quellen und bedenken Sie, dass am Ende nur Sie für die Entscheidungen verantwortlich sind.

Haftung für externe Links:
Unser Angebot enthält Links zu externen Websites Dritter, auf deren Inhalte wir keinen Einfluss haben. Deshalb können wir für diese fremden Inhalte auch keine Gewähr übernehmen. Für die Inhalte der verlinkten Seiten ist stets der jeweilige Anbieter oder Betreiber der Seiten verantwortlich. Die verlinkten Seiten wurden zum Zeitpunkt der Verlinkung auf mögliche Rechtsverstöße überprüft. Rechtswidrige Inhalte waren zum Zeit-punkt der Verlinkung nicht erkennbar.

Pfeifer, Wolfgang et al. (1993). Etymologisches Wörterbuch des Deutschen, digitalisierte und von Wolfgang Pfeifer überarbeitete Version im Digitalen Wörterbuch der deutschen Sprache. Stichwort: Manipulation. Online verfügbar unter: https://www.dwds.de/wb/Manipulation. Letzter Aufruf am: 19.03.2021.

Spektrum der Wissenschaft Verlagsgesellschaft mbH (2021). Lexikon der Psychologie. Stichwort: Manipulation. Online verfügbar unter: https://www.spektrum.de/lexikon/psychologie/manipulation/9152. Letzter Aufruf am: 19.03.2021.

Stangl, Werner (2021). Online Lexikon für Psychologie und Pädagogik. Stichwort: Manipulation. Online verfügbar unter: https://lexikon.stangl.eu/7024/manipulation. Letzter Aufruf am 19.03.2021.

Wir danken Ihnen für Ihr Interesse und Ihr Vertrauen. Als Dankeschön dafür, haben wir eine besondere Überraschung. Sie interessieren sich für NLP, haben aber keine Lust, zahlreiche Bücher zu wälzen? Wir haben die wichtigsten **Grundregeln** für Sie auf einen Blick. Das Beste: Sie erhalten diese vollkommen kostenlos. Das klingt wunderbar? Dann warten Sie nicht lange und holen Sie sich Ihr Gratis-Geschenk.

Hier geht es zu Ihrem Gratis-Geschenk:

https://forms.gle/KEwnynC4CSBnAY557

1. **Öffnen Sie die Kamera-App auf Ihrem Smartphone und richten Sie die Kamera auf den QR-Code.**
2. **Klicken Sie auf den Link, der Ihnen angezeigt wird und schon werden Sie zur Website weitergeleitet.**

Impressum

Herausgeber: Orbita Media Verlag GmbH & Co. KG / Ericusspitze 4 / 20457 Hamburg
Kontakt: kontakt@empireofbooks.de
Website: https://empireofbooks.de
Coverbild: Shutterstock